DANIEL **LYS**

Mon jardin au service d'une biodiversité équilibrée

W0351547

CONSEILS D'UN EXPERT EN JARDINAGE ÉCORESPONSABLE

CONCEPTION
CRÉATION
ENTRETIEN

jouvence nature

Dans la même collection aux Éditions Jouvence :

Mes micro-organismes efficaces (EM), Emmanuelle Bigot
Les Bonnes Plantes pour ma haie sauvage, François Couplan
Le Jardin à la conquête des balcons, Edouard Jeanloz

Catalogue gratuit sur simple demande.

ÉDITIONS JOUVENCE
France : BP 90107 – 74161 Saint-Julien-en-Genevois Cedex
Suisse : Route de Florissant, 97 – 1206 Genève
Site Internet : www.editions-jouvence.com
E-mail : info@editions-jouvence.com

ISBN : 978-2-88953-142-4

Maquette de couverture : Elypss
Réalisation de couverture : Éditions Jouvence
Images de couverture : fleurs violettes © www.jardins.photos / adobestock.com : abeille © Dave, sepia © Massey Deatonphotos
Maquette intérieure et composition : Virginie Cauchy
Images intérieures / abobestock.com et Daniel Lys (auteur) : p. 9 © Dave Massey, p. 10 © Jamie Hooper, p. 12 © Серафима Манекина, p. 15 © toa555, p. 18 © singkham, p. 19 © agmacolor, p. 20 © lovelyday12, p. 23 © vectortatu, p. 24 © Patryssia, p. 25 © murasal-Patryssia, p. 26 © yagodamalina, p. 27 © Schlegelfotos, p. 29 © mark1987, p. 34 © Auteur, p. 35 © plazaccamerman, © Marina Lohrbach, p. 37 © airborne77, p. 40 © Patryssia, p.41 © Ellie Nator, p. 43 © pingpao, p. 44 © Thierry RYO, p. 47, 48 © Auteur, p. 50 © veneratio, p. 51 © Auteur, p. 52 © aykfree, p. 52, 53, 54 © Auteur, p. 56 © leaphoto2, p. 57 © serena_v, Unclesam, p. 58, 60, 62 © Auteur, p. 63 © coco, p. 65 © Auteur, p. 66 © pingpao, p. 66, 68, 69, 70 © Auteur, p. 71 © ninice64, p. 72 © Grigory Bruev, p. 73 © Alexander Raths, acnaleksy, p. 74 © yolfran, p. 75 © RomanovRV, p. 76 © Magalice, p. 77 © Patryssia, p. 78 © Auteur, p. 79 © alvintus, izzzy71, p. 80 © as609, p. 81, 82, 85, 86 © Auteur, p. 87 © kingan, p. 90 © Auteur, p. 91 © zlajaphoto, p. 92 © pierli83, p. 94 © Alinsa, p. 97 © Auteur, p. 98 © fotoknips, p. 99, 100 © Auteur, p. 101 © Gajus, Auteur, p. 102 © Photocreo Bednarek, p. 102 © Auteur, p. 103 © coco, Auteur, p. 104 © Patryssia, p. 105 © Stefan Körber, p. 107 © zummolo, p. 108 © Auteur, p. 109 © Vaceslav Romanov, p. 110, 112 © Auteur, p. 113 © hcast, p. 116 © Jurga Jot, p. 117 © rodimovpavel, p. 118 © singkham, p. 119 © Auteur, p. 122 © solstizia, p. 124 © bnorbert3, p. 126 © Philipimage, p. 129, 130, 131, 132 © Auteur, p. 134 © ueuaphoto, p. 135 © cavalierkcs, p. 136 © Thomas Renz, p. 137 © coco, p. 138 © Claire Lys, p. 141 © ContributorArtist, p. 144 © beerfan, p. 145, 149 © Auteur, p. 153 © Mike Fouque, p. 154 © marie1604, p. 155 © savoieleysse, p. 156 © hedge1, p. 158 © DIA, p. 160, 161, 162, 165 © Auteur, p. 169 © Westwind, p. 170 © Alexandersw, p. 170 © alexandersw, lagom, p. 171 © will1803, p. 173 © Auteur, p. 174 © phototromeo, p. 176 © Team 5, m211171, p. 177 © Auteur, p. 179 © Osterland, p. 181 © nikolaydonetsk, p. 182 © hcast, p. 182 © Auteur, p. 184, 185 © Auteur, p. 186-187-188-189 © olga250, HuHu Lin, jenesesimre, Wild Orchid.

Sommaire

Avant-propos

La biodiversité est en danger, en péril, diront certains. Notre jardin étant un élément de cette biodiversité, il doit être mis au service de celle-ci afin de la préserver, voire de l'enrichir.

La biodiversité, c'est la diversité du vivant : on a tous à y gagner ! Moins de travail, moins de parasitisme, moins de traitements, moins de pollution, donc plus de plaisir pour profiter de ce petit coin de nature.

Quel est le point commun entre le thym, la bourrache, la lavande, la menthe, le houx, la clématite, le lierre et le lilas ? Ce sont des plantes qui fleurissent, au grand bonheur des abeilles, leur offrant pollen et nectar. En échange, les abeilles permettent leur pollinisation, dont la conséquence est la mise à fruit des végétaux ainsi pollinisés.

Il n'y a pas que les abeilles qui œuvrent pour la production de fruits (et de légumes-fruits). Nombreux sont les insectes qui nous aident au jardin. **Pollinisation mais aussi régulation des espèces animales**, pour éviter qu'une espèce prenne le pas sur les autres. Plus le nombre d'espèces végétales est élevé, plus le nombre d'espèces animales est important. Et la nature s'autorégule.

Les abeilles, mais aussi tous les insectes, les oiseaux, de nombreux batraciens et, par extension, toute la faune paie très fortement **l'abus des pesticides**. Que faire alors, quand on a la charge d'un jardin, qu'il s'agisse d'une plante en pot ou d'un terrain de plusieurs milliers de mètres carrés ? Nous sommes tous responsables. Pas forcément de la situation actuelle de la planète, mais de ce que l'on fait pour améliorer les choses. Nous pouvons tous agir, de façon individuelle ou collective, avec nos petits moyens, dans nos gestes journaliers.

Vous trouverez dans les pages qui suivent un certain nombre d'idées pour l'agencement de votre extérieur, des informations pour comprendre ce qui se passe sous vos pieds, comment agir afin d'améliorer l'existant, quelle plante choisir et comment vous passer de pesticides. Parce qu'il est souhaitable que le tout-chimique vive ses dernières années ! À nous de cultiver plus sainement, pour nous, nos enfants, la Terre, la vie.

Et que faire en cas de dérèglement, de taches sur les feuilles, de plantes qui sèchent ou qui disparaissent sous les attaques d'un envahisseur ? Il faut pourtant agir. Avant, pendant et après le parasitisme, c'est selon. Oui, il va falloir apprendre à maîtriser les farces de la nature, accepter parfois les pertes et toujours rebondir en analysant les faits. Ce livre est fait pour ça.

Le jardinage n'est pas une science exacte, car nombreux sont les paramètres à prendre en compte, notamment la saisonnalité et le climat. Le jardinage est l'école de l'observation, de la patience et du respect. Semer une graine, c'est déjà le début d'un grand amour.

1

Bien penser son jardin

- Identifier et lister vos besoins, vos envies et vos impératifs.
- Dessiner le plan de votre jardin en vue de sa conception.
- En prévoir les axes de circulation, les plantations et les espaces fonctionnels.

Ça y est, vous avez un jardin ! Qu'il soit tout neuf, un simple carré de terre sur lequel brille votre maison tout juste achevée, ou déjà planté par les anciens propriétaires, ce jardin doit devenir le vôtre : à votre image et répondant à vos besoins et envies, tout en respectant la biodiversité existante et en l'enrichissant.

Un jardin, c'est un espace naturel où, comme disait l'humoriste, « la main de l'homme a posé le pied ». En d'autres termes, un jardin est un coin de nature dont vous avez la charge. Le jardinier écoresponsable doit s'approprier le jardin, l'observer, noter ses changements, s'émerveiller, s'interroger, agir ou non. La nature a besoin qu'on l'aime, qu'on l'aide parfois.

Les besoins de la nature

Le jardinier écoresponsable prend le jardin comme une entité vivante, avec ses composantes. Le jardin est en évolution permanente. C'est au jardinier de mener les actions qui permettent une évolution dans le bon sens, c'est-à-dire de faire vivre cette entité, de protéger la biodiversité qui y règne et de l'intensifier.

Quelles sont les composantes du jardin ? Les êtres vivants et toutes les interactions qui lient ces êtres. On pense bien sûr aux végétaux et aux animaux. Mais il y a des êtres vivants que l'on ne voit pas. Non, je ne pense pas aux farfadets, juste aux infiniment petits, comme les bactéries, les champignons, aux très petits, comme les acariens ou les petits insectes terricoles qui vivent cachés, ou aux végétaux que l'on ne voit plus car l'habitude nous les fait oublier.

Le jardinier est un chef d'orchestre qui prend le temps de satisfaire cors et trompettes, d'accorder les violons et de donner le rythme aux cymbales. Donner à manger aux oiseaux l'hiver sans oublier l'eau lors des étés secs, fertiliser les plantes si besoin, semer, repiquer, arroser, protéger, faire pousser…

La nature pourrait se suffire à elle-même, mais votre jardin est une interprétation, une composition toute personnelle. Alors, voyons comment faire pour que ce bout de terre puisse convenir à tout le monde, propriétaire intermittent et nature permanente.

Vos besoins

L'espace extérieur doit être fonctionnel ! Un bouquet de persil derrière la haie à 150 mètres de la cuisine verra rarement la couleur du saladier… Il est utile de penser pragmatisme et fonctionnalité.

Le jardin se doit d'être praticable. Lors de la réalisation d'un jardin, alors que ne subsiste que la petite touffe d'herbe que les engins de construction ont épargnée, un peu de réflexion est nécessaire pour éviter les erreurs de conception et donc d'utilisation du jardin.

LES IMPÉRATIFS

Prenez un papier et un crayon ! Nous allons lister vos envies et vos besoins, réalistes ou farfelus : une piscine, un potager, un cèdre, une tonnelle, un terrain de boules, une corde à linge, et un barbecue, une haie, un arbre pour faire de l'ombre et un voisin pour venir arroser l'été. Votre choix est fait, reste à matérialiser l'endroit d'implantation de vos envies.

Je me permets de rajouter à votre liste un oubli fréquent : les points d'eau. Les plantes ont besoin d'eau pour vivre et prospérer. Si la pluie est insuffisante le tuyau d'arrosage est un outil indispensable. Mais 50 mètres de tuyau à trimbaler, surtout avec de l'eau dedans, c'est lourd. Quelques robinets extérieurs aux points stratégiques vont se révéler astucieux.

Mon conseil bio

La mise en place de **points d'eau extérieurs** en nombre suffisant avant les plantations et implantations est primordiale. Toutefois, il est bon de faire figurer sur un plan le tracé des canalisations.

LES OPTIONS

Pensez à vos options dès maintenant. Une option est un impératif remis à plus tard. Je dis souvent que le jardin n'est pas immuable. Néanmoins, quand on a pensé à réserver une place pour la piscine, le terrain de tennis ou, d'une façon plus courante, la cabane de jardin, les travaux d'installation s'en trouvent facilités. Pour ce faire, le plan du terrain et de la maison va servir de base.

Étalez le plan de votre propriété sur la table et le papier-calque sur le plan.

Bon à savoir

Pour **dessiner son jardin**, il vous faut :

- le plan de votre propriété ;
- une feuille de papier-calque ;
- un crayon à papier ;
- une gomme ;
- une règle ;
- deux crayons de couleur, un bleu et un rouge ;
- la liste des impératifs pour les placer sur le plan.

Le tracé

Je suis parti de l'hypothèse que le jardin était à créer de toutes pièces, lors d'une construction. Dans le cas où votre espace extérieur possède déjà des composantes, rien ne vous empêche de modifier son tracé et l'emplacement de vos impératifs. Le jardin n'est pas immuable, c'est juste parfois un peu plus compliqué d'en bouger les lignes.

Matérialisez par un cercle au crayon à papier – il se gomme facilement sur un papier-calque – les zones prévues pour vos impératifs. Il va falloir les relier entre eux.

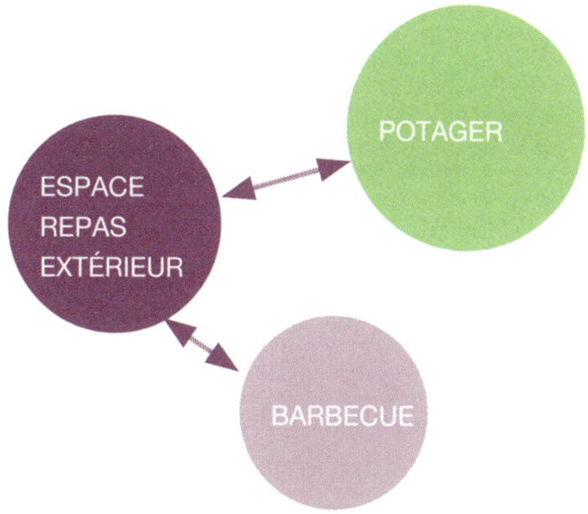

LES ALLÉES

En quoi les allées sont-elles importantes dans la réalisation d'un éco jardin ?

- Elles structurent le jardin.
- Elles sont plus faciles à entretenir qu'un tracé abîmé par les passages successifs (pelouse pelée, terre tassée, chemin boueux…).

En bleu, reliez les points d'accès à la propriété avec les points d'entrée de la maison et des différents points stratégiques (potager, garage, terrasse, tonnelle…). Vous venez de marquer les allées et voies de circulation. Attention, la ligne droite étant le plus court chemin d'un point à un autre, évitez les courbes que personne n'empruntera, sauf si elles sont justifiées pour éviter un obstacle comme un arbre ou un puits. Dans un jardin au naturel, ou « écojardin », il est préférable de faire une courbe pour éviter un arbre ou un arbuste plutôt que de le supprimer.

LES VUES

Sur ce même papier-calque, matérialisez en rouge ce que vous souhaitez cacher, en partant du point de vue. Par exemple : si, de la fenêtre de la cuisine, vous voyez le poteau électrique du voisin, dessinez une flèche rouge de la fenêtre au poteau. L'idée est de penser à obstruer la vue par une construction (un abri de jardin, un barbecue en pierre ou un végétal).

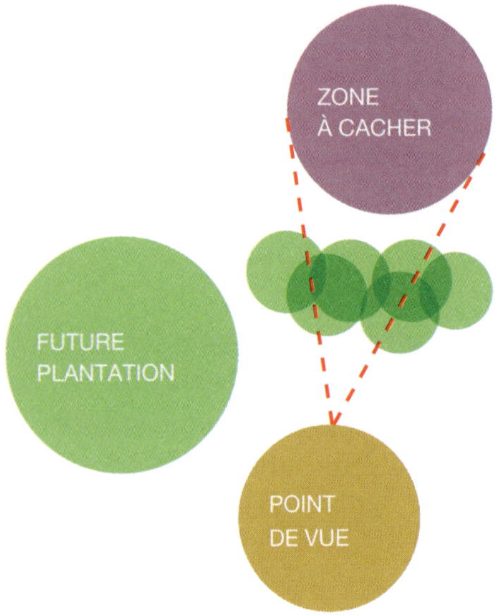

Anecdote

J'ai eu, un jour, à planter un cyprès de Florence en plein milieu d'un terrain pour que, cinq à six ans après la plantation, le petit voisin de neuf ans au moment des faits ne puisse plus voir, de sa chambre, celle de la jeune fille du même âge ! Le cyprès occlusif fera son office lorsque les enfants seront adolescents. Il y a des parents prévoyants…

LES VÉGÉTAUX

Les haies sont les premières plantations des jardins. Désir de marquer son territoire, volonté de se cacher ou application du cahier des charges de certains lotissements, les haies figurent en bonne place au patrimoine végétal des extérieurs. Nous verrons plus tard comment choisir les espèces qui les composeront. Pour le moment, installons-les sur le papier-calque.

Pour y voir plus clair, dessinez-les sur une autre feuille de papier-calque. Comptez 1 mètre de large en partant de la ligne de séparation d'avec le terrain voisin (1 centimètre sur le papier si votre plan est à l'échelle 1/100).

Bon à savoir

À l'échelle 1/100, 1 centimètre sur le plan représente 100 centimètres, c'est-à-dire 1 mètre sur le terrain.

1 cm = 1 m

Si le plan est à l'échelle 1/250, 1 centimètre sur le plan représente 250 centimètres, soit 2,50 mètres.

1 cm = 2,50 m => 2 cm = 5 m

Dans ce cas, on peut représenter un arbre de 5 mètres de diamètre sur le plan, en dessinant un cercle de 2 centimètres de diamètre, soit un rayon de 1 centimètre. Ça va mieux ?

Pour dessiner les arbres d'ombrage et fruitiers avec un compas, faites des cercles de 5 à 7 centimètres de diamètre (2,5 à 3,5 centimètres de rayon, toujours pour un plan à l'échelle 1/100).

Mon conseil bio

Le soleil se lève à l'est et se couche à l'ouest. Il est au zénith vers midi (13 heures à l'heure d'hiver et 14 heures à l'heure d'été). Demandez-vous où vous souhaitez de l'ombre et à quelle heure. L'ombre d'un arbre se trouve à l'est de son tronc dans l'après-midi.

Faire un plan à l'échelle évite d'oublier que les plantes grandissent. Dans les années 1970, il fallait planter des arbres dits « remarquables ». Les petits jardins urbains se sont enorgueillis de cèdres, d'araucarias, de saules pleureurs… qu'il a fallu tronçonner quelques années plus tard. Devenus trop imposants, ces arbres ont été sacrifiés. Penser le jardin dans un esprit de durabilité évite de telles déconvenues. Le jardin écoresponsable doit tenir compte des aléas possibles dus à la taille des végétaux devenus adultes. Le jardinier choisira en conséquence les espèces végétales et leur lieu de plantation.

Mon conseil bio

Il est préférable de **choisir une espèce végétale** en tenant compte de ses dimensions futures naturelles plutôt que d'espérer lui conserver une largeur et une hauteur restreintes qui ne sont pas les siennes. Chassez le naturel au sécateur, il reviendra au galop !

Pour résumer

Nous avons tracé sur plan les impératifs, fléché les voies de circulation, matérialisé les vues à cacher, dessiné les haies et les arbres. Ajoutons les impératifs restants : niche du chien et corde à linge. J'aime bien parler de la corde à linge parce que c'est difficile à caser ! C'est utile, voire indispensable, mais ce n'est pas très joli. De plus, cela prend de la place. La positionner près de la maison tout en la cachant un peu relève d'une haute et intense réflexion que je vous laisse volontiers.

Maintenant que votre jardin est tracé, mais avant de commencer vos achats de plantes ou, dans le cas d'un jardin existant, de quoi l'entretenir, il vous faut connaître un paramètre d'importance capital : le sol.

2

Le sol, la base de tout

- Connaître le sol et ses composants.
- Interpréter les analyses du sol pour choisir les éventuelles corrections à lui appliquer.
- Installer un compostage simple et efficace.
- Choisir un terreau adapté à votre utilisation.

Pour appréhender ce qui se passe sous nos pieds, il nous faut comprendre ce qu'est un sol. De là pourront être appliquées les corrections éventuelles, en fonction des choix et attentes du jardinier, dans le respect de la nature, c'est-à-dire en tenant compte de toutes les composantes du jardin. La connaissance du sol et ce que le jardinier veut planter, cultiver, influenceront ses actions, son travail, ses choix.

Le sol, c'est quoi ?

« Sol, la terre où vous marchez », comme dit la chanson. Ce n'est pas faux. Le sol est un support, mais aussi un milieu vivant, plus ou moins épais. En jardinage, le sol commence là où l'on pose les pieds et descend en profondeur, sur une certaine épaisseur. Cela, je vous l'accorde, manque un peu de précision. En fait, le sol s'étend de sa surface au rocher qui vous interdit de descendre plus bas. La profondeur du sol varie donc de quelques centimètres à quelques mètres.

Ce qu'il faut avoir à l'esprit, c'est que le sol est un milieu vivant, surtout dans les couches superficielles. On peut le considérer comme une entité à part entière, comme une ruche ou une fourmilière. L'entité existe parce que ses composantes vivent. Or, comment peut-on espérer avoir une vie dessus si le dessous est mort…

Quittons là ce moment philosophique pour nous intéresser aux différents composants du sol. Embarquement immédiat pour un voyage souterrain.

Bon à savoir

Le sol est un milieu vivant. Dans 1 gramme de terre de forêt, il y a :

- 1 milliard de bactéries ;
- 1 million de champignons ;
- 1 million de protozoaires.

Les organismes vivants dans le sol représentent plusieurs tonnes à l'hectare sur une profondeur de 30 centimètres seulement !

Le sol est un ensemble de matières solides et d'espaces. Le sol « parfait » serait composé pour moitié de parties solides et pour l'autre moitié d'espaces. Ces espaces entre les parties solides seraient dans l'idéal comblées à parts égales par de l'air et de l'eau. On est évidemment dans une réalité virtuelle, car le sol est vivant et changeant. Mais cette image permet de bien comprendre la suite et d'avoir une idée des travaux de correction à effectuer si besoin.

LES MATIÈRES SOLIDES

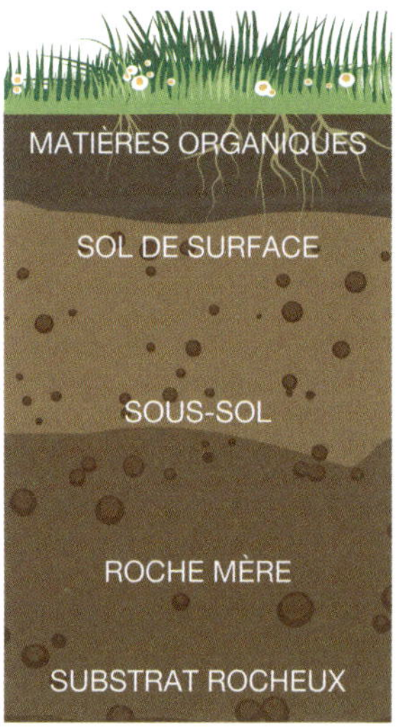

Les constituants du sol sont de deux sortes : les éléments minéraux, classés par grosseur (les cailloux, les sables, les limons, les argiles) et les matières organiques, provenant du vivant.

Cailloux et sables forment la partie la plus grossière, d'une épaisseur supérieure à 50 microns (millièmes de millimètre). Imaginez l'épaisseur de votre ongle, et coupez-le en mille, vous obtiendrez un micron. Ce sont donc des tailles microscopiques.

L'argile est l'élément le plus fin, avec une taille inférieure à 2 microns – ou 4 microns selon certains, mais on ne va pas chipoter !

Il est important pour le jardinier de comprendre cette distinction entre les éléments grossiers : les sables (et cailloux) et les éléments fins (limons et argiles). La porosité du sol, la circulation de l'eau et de l'air, la vie des différents organismes dépendent de la proportion des éléments du sol ainsi que de leur agencement les uns par rapport aux autres. C'est le rôle du jardinier de corriger ce qui peut l'être. Vous verrez que ce n'est pas très difficile…

LES MATIÈRES ORGANIQUES

Elles forment le deuxième groupe des constituants du sol. Elles rassemblent tout ce qui provient du vivant : de la feuille morte à la bouse de vache, des exsudats de la racine de l'arbre au cadavre de la bactérie. On emploie le terme générique de « matière organique » au singulier. Pourquoi est-elle si importante ? Parce qu'elle est le pont entre les matières minérales et la vie de nos plantes.

Bon à savoir

La matière organique structure le sol, favorise la retenue de l'eau, stocke les éléments nutritifs, freine le développement de certains parasites, favorise l'aération du sol, participe au développement des habitants du sol. Elle participe à un meilleur développement des plantes, qui sont plus résistantes aux parasites et aux facteurs climatiques défavorables.

L'HUMUS

Voici un mot souvent utilisé et qui mérite toute notre attention.

Bon à savoir

L'humus résulte de la transformation de la matière organique, de sa décomposition en une substance brune, souple et nourricière, grâce à l'action combinée des animaux du sol, des champignons et des bactéries.

Le tas de compost du jardinier donne un produit qui ressemble à une terre brune et qui sent un peu l'odeur du sous-bois : c'est de l'humus. De façon naturelle, toute matière organique se décompose, plus ou moins rapidement. Tout dépend de la température, de l'humidité, de l'air, de l'acidité du sol, de la présence d'insectes, de vers, de champignons… On appelle cette transformation de matière organique en humus « l'humification ».

L'humus est un concentré de vie. Il va encore se transformer doucement par l'action des micro-organismes (champignons). L'humus sert de garde-manger, de cellier, de réserve. Les plantes n'ont qu'à se servir quand elles en ont besoin.
L'humus améliore également la tenue des sols, les protège de l'érosion, les fertilise, régule leur température, entretient leur activité biologique et renforce les défenses immunitaires des plantes. Ce serait dommage de s'en passer !

Conclusion : sans humus, pas de vie ! Et un sol sans vie ne peut nourrir les plantes. D'ailleurs, les mots « humus » et « humain » ont la même étymologie ; ceci explique peut-être cela.

Des sols morts, stériles, il en existe. Ils se trouvent tout autour de nous. La culture intensive à coups de labours profonds, de désherbants, de traitements chimiques a supprimé toute vie ou presque. Les cultures sont nourries aux engrais chimiques, sans que l'on se soit posé la question de la vie du sol. On apporte juste le minimum vital à la plante pour qu'elle puisse donner un produit commercialisable. En revanche, cette agriculture intensive est polluante. Et on a un peu confondu rendements et rentabilités.

Le jardinier écoresponsable, n'est pas (encore) à la recherche d'une production exceptionnelle. La qualité du produit est plus essentielle que sa quantité. Et pour ce faire, il existe un outil peu utilisé mais qui me semble impératif : l'analyse de terre.

L'ANALYSE DE TERRE

L'analyse de terre basique donne **en pourcentage** les quantités de sable, de limon et d'argile contenus dans l'échantillon de terre que vous aurez envoyé au laboratoire. Elle fournit une indication sur les comportements physiques du sol, ses capacités à stocker l'eau et les éléments nutritifs.

L'analyse de base donne aussi le pH du sol, c'est-à-dire son acidité ou son alcalinité, en rapport direct avec sa teneur en calcaire – votre sol est-il acide ou calcaire ? Elle peut encore donner les quantités de magnésium, de fer, de cuivre, de potassium...

D'autres analyses recherchent la vie de votre sol, son activité biologique. C'est une autre approche qui me paraît encore plus essentielle.
L'analyse de terre est comme une analyse de sang. Il va falloir décrypter puis savoir comment corriger si besoin.

Bon à savoir

Le pH (potentiel hydrogène) a une valeur comprise entre 1 et 14. Le pH neutre se situe entre 6,5 et 7,5. C'est celui avec lequel la majeure partie des plantes peuvent pousser.

Pour résumer

- **Les sols à particules grossières (sables, cailloux) sont très perméables, ils ne retiennent pas l'eau. Ils se réchauffent vite. Ils déforment les racines si la proportion de cailloux est importante, ce qui est un désagrément pour la culture des légumes-racines (carotte, panais...).**
- **Les sols à particules fines (limons et argiles) retiennent beaucoup l'eau et deviennent collants, imperméables, asphyxiants. Ils forment une croûte en surface lorsqu'ils sèchent. En revanche, ils retiennent les éléments nutritifs.**

L'analyse de terre a donné les quantités de sables, de limons et d'argiles. **Comment utiliser ces informations ?** Pour corriger un sol qui est trop perméable et donc pauvre, on y ajoute de l'humus. Pour corriger un sol trop compact, pour le rendre plus souple, plus meuble, plus facile à travailler pour le jardinier et pour les racines, on y ajoute de l'humus. Alors pourquoi faire une analyse de terre si la correction est la même dans tous les cas ?

Mon conseil bio

Un jardin est un export de **matière organique**. Une tonte, une taille, un ramassage de légumes, et c'est de la matière organique qui s'en va. Il faut donc en rajouter en permanence.

Soyons pragmatique encore une fois. La plupart des jardins manquent de matière organique. Et si le manque n'existe pas, il ne faudrait pas qu'il advienne.

Compost, engrais vert, paille, copeaux de bois, purins : nombreuses sont les sources de matière organique, avec leurs avantages propres. L'analyse de terre permet d'imaginer les apports utiles et inutiles, suivant les cultures souhaitées. La pelouse n'a pas les mêmes besoins que le pétunia.

L'analyse d'un terrain peut se faire par l'observation, certes. Néanmoins, elle sera incomplète, et les erreurs d'interprétation sont réelles pour le jardinier amateur. Les différents apports en amendements, fertilisants ou – pire ! – terre dite « végétale », peuvent aussi coûter très cher et se montrer inappropriés.

Après avoir vanté les mérites de l'analyse en laboratoire, mais qui nécessite un investissement certain, que vous ne souhaitez peut-être pas faire dans un premier temps, voici un petit truc tout simple pour vous donner une idée sur le type de sol de votre jardin.

L'ANALYSE DE TERRE « MAISON »

Prenez un peu de terre humide dans votre main. Faites-en une boule.

- Si vous n'arrivez pas à faire de boule de terre, votre sol est très sableux, très perméable, et risque d'être assez pauvre.
- Si la boule se forme, c'est que vous avez suffisamment de particules fines. Maintenant, en la roulant dans vos paumes, essayez d'en faire un boudin.
  - Si la terre s'effrite, c'est que vous avez une bonne teneur en éléments grossiers. Votre sol semble contenir une proportion satisfaisante entre les particules fines (argiles, limons) et grossières (sables).
  - Si le boudin se forme, vous êtes en présence d'une grande proportion de particules fines. Votre sol a une forte proportion d'argiles ou de limons. C'est un sol asphyxiant, donc pas du tout favorable aux habitants du sol ! Toute vie a besoin d'air, il va falloir remédier à cela.

Vous avez compris que la correction principale était la même : l'apport d'humus. Mais les travaux du sol et les fertilisations seront différents. Nous y reviendrons.

Recommandations

Quelle est la meilleure source d'humus ? Celle qui vous coûte le moins cher ! Les feuilles que vous ramassez, le fumier de la ferme d'à côté, le broyat de branches offert par la déchetterie... Vous pouvez les mettre directement en place ou les faire composter au préalable, surtout dans le cas du fumier.

LE CALCAIRE, CE MAL-AIMÉ

Le calcaire. Ce matériau est trop souvent considéré comme un handicap. Il est vrai que l'eau calcaire bouche les canalisations, et entartre la cafetière et le lave-linge. Pour le sol, le calcaire, c'est-à-dire le carbonate de calcium contenu dans les parties minérales, joue un rôle important dans les propriétés physiques, chimiques et biologiques du sol. Son rôle est si important que parfois on en rajoute ! Mais trop, c'est trop...

L'analyse de sol donne des indications pour réagir lorsque le sol est en manque ou en excès de calcaire.

Les plantes de terre de bruyère, comme les rhododendrons, les fougères et les azalées, se plaisent dans des sols acides à pH inférieur à 6,5. À l'inverse, l'arbre de Judée, le noisetier et le ciste cotonneux adoptent les terrains calcaires, lorsque le pH est situé au-dessus de 7,5.

Mon conseil bio

Les corrections du pH se font en fonction des cultures. Mais il est toujours plus facile et préférable d'adapter ses plantes au sol que l'inverse.

En règle générale, sur un sol acide, on chaule (épand de la chaux) pour augmenter le pH. Dans le cas contraire, à un sol alcalin (ou basique) on ajoute des matières, comme la tourbe ou la terre de bruyère, pour faire baisser cette valeur et acidifier le sol.

Mon conseil bio

Une chlorose est une perte de chlorophylle. Les feuilles deviennent jaunes. Les causes sont nombreuses. Avant d'entreprendre une action « reverdissante », assurez-vous de son origine auprès d'un professionnel ou d'un amateur averti.

Il faut dire qu'un excès de calcaire peut bloquer l'assimilation de certains oligoéléments tels que le fer, et provoque une perte de chlorophylle. Les feuilles deviennent jaunes et la plante est en souffrance. Cette décoloration s'appelle une « chlorose ». Mais les sources de chlorose peuvent être autres : un sol asphyxiant, un excès d'eau, un manque d'éléments fertilisants…

Les amendements et fertilisants

L'analyse de sol ou les conseils d'un professionnel du jardin vous conduiront à incorporer du sable grossier pour drainer l'eau en excès, de la tourbe pour retenir l'eau, de la chaux pour faire monter le pH... Ce sont des amendements. Ils ne fertilisent pas les sols, mais contribuent à modifier leur composition physico-chimique et, de ce fait, améliorent la vie des sols, donc leur fertilité potentielle.
N.B. : On parle de « fertilisants » pour qualifier la matière organique ou les engrais organiques.

Mon conseil **bio**

Entretenir son jardin au naturel, c'est utiliser **pour fertiliser** des produits naturels : matière organique plus ou moins décomposée et engrais organiques. Aucun engrais chimique de synthèse n'y est admis.

LE FAMEUX NPK

Une plante représente en matière sèche (quand on a retiré toute l'eau) : 42 % de carbone, 44 % d'oxygène, 6 % d'hydrogène. Mais aussi 2 % d'azote (N), 0,4 % de phosphore (P) et 2,5 % de potassium (K). On appelle N, P et K, les « éléments majeurs ».

On trouve trois autres éléments dits « secondaires » : le calcium (Ca), le magnésium (Mg) et le soufre (S).
Ces neuf éléments principaux totalisent 99 % de la matière sèche. Vous remarquerez la part importante du carbone. C'est sur ce point que le jardinier écoresponsable va agir.
Le reste est constitué d'oligoéléments, présents en très petite quantité, mais indispensables : fer, manganèse, zinc, cuivre, molybdène, bore, cobalt, sélénium...

Les engrais proposés aux jardiniers amateurs sont des engrais complets, formulés, avec des doses variables de N, P et K, et parfois certains oligoéléments. C'est bien, mais ça ne fait pas tout. Il faudra tout de même apporter à votre sol du carbone. C'est là encore un épandage en surface de paille, de branchages broyés, ou de feuilles mortes qu'il faudra prévoir.

Nous avons vu que le sol était composé d'éléments solides, minéraux et organiques. L'analyse de terre nous informe sur l'état du sol, les manques et les excès. Très souvent, la matière organique fait défaut. Comment l'apporter au sol afin que les plantes puissent trouver la nourriture qui leur est nécessaire ? Il est un fertilisant indispensable quand on a un jardin : le compost.

Le compost, fertilisant maison de base

Le compostage est une création d'humus qui passe par la valorisation de déchets. Ces déchets viennent essentiellement du jardin et de la cuisine. Toute matière organique est compostable dans l'absolu. Pour vous éviter des désagréments, il y a des déchets qui ne verront pas le tas de compost. Voyage dans la plus grande fabrique de vie par la vie…

Dans la nature, tout le monde a besoin de manger. C'est le grand jeu de la vie : se nourrir et se multiplier. En tant que jardinier écoresponsable, vous allez vous en réjouir et même favoriser l'approvisionnement de cette cantine. Rappelez-vous que le jardin est en exportation permanente. Les plantes puisent leur nourriture dans le sol, donc appauvrissent ce dernier. Quand vous coupez une salade, une fleur fanée, un brin d'herbe, vous exportez des éléments nutritifs contenus dans la partie de plante coupée. Vous vous devez de les rapporter !

Plusieurs possibilités s'offrent alors à vous : l'épandage d'engrais organique, de purin et décoction de plantes, ou du compost fabrication « maison ».

LES AVANTAGES DU COMPOST

- Le compost favorise la croissance des plantes, il procure au sol de la matière organique mais aussi un ensemble d'oligoéléments nécessaires à la vie des plantes. Ces dernières sont ainsi plus fortes, présentent une meilleure défense contre les attaques parasitaires et ont un meilleur rendement.
- Le compost rend doucement au sol ses nutriments. Le sol devient une réserve de nourriture.
- Le compost favorise la structure du sol en le rendant poreux, aéré, perméable. Les micro-organismes responsables de la décomposition de la matière organique ont, de ce fait, des conditions optimales pour leur développement. L'activité microbienne est essentielle à la fertilité du sol. Bactéries et champignons, qui se comptent par milliards dans une poignée de compost, dégradent la matière organique.

Le compost améliore la capacité du sol à retenir l'eau. La matière organique joue un rôle d'éponge. Une éponge se remplit d'eau quand on l'arrose – ou que la pluie tombe ! – et d'air quand elle sèche.

Bon à savoir

Les déchets fermentescibles (c'est-à-dire tout ce qui peut aller au compost) représentent un tiers du volume total de nos déchets ménagers. Un compost à la maison, c'est donc beaucoup moins de camions poubelles sur la route... Des économies pour nous et pour la collectivité !

Nous savons que le meilleur déchet est celui qui n'existe pas. Sur la deuxième marche du podium au concours du jardinage au naturel se trouve le compostage sur place, c'est-à-dire chez soi. Plutôt que de tout jeter et de laisser la communauté gérer nos déchets, le compostage est une façon intelligente de faire faire des économies à la collectivité par une réduction du volume à collecter : 30 % du volume des déchets ménagers sont compostables.

Grande économie directe pour le jardinier aussi qui, en « fabriquant » son compost, réduit ses achats de fertilisants. Bénéfice enfin pour la nature, qui perpétue le cycle millénaire de la transformation des produits végétaux en un produit nourricier, afin de « recréer » de la matière végétale.

Le compostage peut se faire directement sur le sol, dans les plates-bandes ou entre les rangs de culture du potager. Il suffit de vider la poubelle de table (et de cuisine) entre les plantes et de recouvrir avec du « sec » (paille ou feuilles mortes). C'est encore plus aisé de le faire en tas ou dans un composteur, afin de mieux maîtriser les sources d'approvisionnement.

Mon conseil bio

Ne brûlons plus, n'enfouissons plus les déchets organiques. **Gérons nos déchets de cuisine et de jardin** grâce au compostage. Le volume de nos déchets ménagers géré par la collectivité en est réduit, et nous récoltons un humus de qualité pour nos plantes.

COMMENT FAIRE SON COMPOST

Ou comment transformer le tas d'ordures du fond du jardin en un tas d'avantages…

Pour éviter que tout ne s'étale, faites un enclos avec quatre palettes posées sur chant. Reliez-les avec de la ficelle ou du fil de fer pour maintenir l'ensemble. Laissez une possibilité d'ouvrir l'enclos avec la palette du devant, comme une porte. Cela facilitera les évacuations du compost et les actions de brassage du tas.

L'enclos à compost doit être placé à l'ombre. Les palettes ne doivent pas être trop ajourées afin de mieux garder l'humidité ; deux centimètres de jour entre les planches, c'est l'idéal.

Une fois le cadre installé, placez quelques branches dans le fond pour aérer l'ensemble des matières à venir. Vous pouvez commencer à charger votre compost !

Carton dans compost, quand on manque de matière brune

QUE METTRE AU COMPOST

Dans l'absolu, tout ce qui est organique, végétal et animal, se composte. Dans la vraie vie du jardinier, il vaut mieux prendre quelques précautions. Les déchets sont classés en deux groupes : les matières vertes (ce qui ressemble à de l'herbe) et les matières brunes (ce qui ressemble à de la paille ou à du bois).
Voici une liste[1] des ingrédients que vous pouvez composter sans problème (le mode d'emploi suit).

- Déchets verts : herbacés (ressemblant à de l'herbe fraîche) très humides, se décomposent facilement, riches en azote :
  - tontes de gazon (fraîches, il faut les mélanger avec des matières brunes) ;
  - feuilles vertes.
  - mauvaises herbes vertes ;
  - épluchures de légumes et de fruits ;

1. Source : Comité Jean Pain asbl, www.comitejeanpain.be

    - fleurs coupées ;
    - fleurs fanées ;
    - marc de café et filtres en papier ;
    - sachets de thé ;
    - restes de purin et plantes à purin.

- Déchets bruns : ligneux (se rapprochant du bois), secs, difficilement décomposables, riches en carbone :
    - branches de haies taillées ;
    - feuilles d'arbre sèches ;
    - paille ;
    - coquilles d'œuf écrasées ;
    - coquilles de noix, de noisettes écrasées ;
    - papier essuie-tout ;
    - cartons d'emballage coupés en petits morceaux ;
    - excréments d'animaux domestiques herbivores ;
    - sciure de bois ;
    - copeaux de bois ;
    - plumes, poils et cheveux non teintés.

À cette liste s'ajoute le fumier d'herbivores, relativement bien équilibré en azote et carbone.

Ce que l'on peut ajouter au compost avec quelques précautions :

- cendres de feu de bois : à bien répartir, en petites quantités ;
- sauces, graisses et huiles : à bien répartir, en petites quantités ;
- plantes en graines : à laisser tremper durant vingt-quatre à quarante-huit heures avant de les verser au compost ;
- Restes de repas cuits : à bien répartir et recouvrir.

ATTENTION

LES INTERDITS, LES MATIÈRES NON COMPOSTABLES :

- gros bois.
- déchets de menuiserie autres que le bois brut (agglo, contreplaqué…) ;
- couches jetables ;
- poussières d'aspirateur ;
- charbon de bois ;
- matières synthétiques ;
- métaux, fer ;
- papier journal de couleur ;
- litières de chats et chiens ;
- terre et sable.

LES IDÉES REÇUES

On peut lire ici ou là que certains déchets, comme les épluchures d'agrumes ou de pommes de terre, ne peuvent pas être compostés. Certains expliquent que les pesticides contenus dans les épluchures vont contaminer le compost. Il n'en est absolument rien. La destruction des pesticides se fait par évaporation, solarisation et lessivage. C'est pourquoi, d'ailleurs, il est préférable de composter le fumier durant au moins six mois. On ne sait pas ce qu'ont mangé les vaches (ou les autres herbivores) et si la paille ne contient pas encore de résidus d'herbicides ou de nanifiants (produits utilisés pour réduire la croissance en hauteur des plantes). Une fois composté, le danger est écarté.

Même réticence avec les plantes ou parties de plantes malades. Certes, il faut une bonne chaleur (plus de 70 °C pendant trois jours) pour que la plupart des spores de champignon soient détruites. On peut être bon jardinier, faire monter un compost en température nécessite d'avoir assez de matières vertes et de bien répartir l'ensemble. Donc, dans la vraie vie du jardinier, des spores de champignons (et des graines d'herbes indésirables) sont encore présentes en grand nombre dans le compost. Mais les spores de maladies résident aussi sur le sol des cultures concernées, dans les écorces, dans les piquets, liens, outils et même sur les chaussures du jardinier ! Sans compter ce qui se trouve dans le jardin du voisin… L'utilisation du compost, en renforçant les défenses naturelles de la plante, est une assurance de base contre les attaques parasitaires. Néanmoins, les graines de plantes mises au compost ne sont pas toutes détruites, et il n'est pas rare de voir de nouvelles herbes sortir sans qu'on leur en ait donné la permission ! Tomates ou orties...

Bon à savoir

Un champignon est constitué d'un réseau de filaments, les hyphes. La plupart sont invisibles dans le sol, mais on peut en apercevoir dans le compost. Cela ressemble à une toile blanche. Les spores sont le moyen de reproduction des champignons. C'est un peu comme les graines d'une plante à fleurs, dite « supérieure ». Une spore est microscopique, souvent inférieure à 10 microns.

Toutefois, les fruits pourris ou momifiés sur l'arbre sont à éliminer autrement que par le compostage (brûlage ou enfouissement). Il en va de même des plantes atteintes par une bactériose ou une virose.

Nous avons la liste des ingrédients à composter, nous allons voir maintenant le mode d'emploi pour un compostage réussi.

COMPOSTAGE, LA RECETTE

MÉLANGEZ, AÉREZ ET MOUILLEZ !

Les ingrédients du compost sont coupés en morceaux. Les déchets verts et humides sont mélangés aux déchets bruns et secs. On compte, dans l'idéal, 60 à 70 % de déchets verts pour 30 à 40 % de déchets bruns. Dans la vraie vie du jardinier, on met les déchets que l'on a au moment où on les a !

Cela dit, il y a un auxiliaire du compost dont je n'ai pas encore parlé, c'est le silo à feuilles. Quatre piquets enfoncés dans le sol, reliés par un grillage assez fin, et hop ! vous avez votre réserve de feuilles sèches ramassées à l'automne qui vous servira d'apport de déchets bruns lorsqu'au printemps vous serez submergé par les déchets verts des tontes de gazon. En effet, le gazon vert, fraîchement tondu, se composte très mal. Il fermente, chauffe et ne sent pas très bon. Mélangez-le alors avec des feuilles de votre réserve, et le tour est joué !

Mon conseil bio

Pour réussir un compost, il faut mélanger les différents apports entre eux, les maintenir humides et aérer le compost de temps en temps en remuant l'ensemble.

Malgré toute votre attention et votre amour pour le compostage – si ! si ! –, il peut arriver de petits désagréments. Voyons comment y remédier.

- Les mauvaises odeurs : votre compost est trop humide. Le remuer va l'aérer. Faites aussi un apport de matières structurantes brunes, copeaux ou brindilles, paille, feuilles sèches.
- Le compost ne « se fait » pas : il est trop sec. Arrosez-le et apportez des matières vertes comme des tontes de gazon.
- Le compost est rempli de vers blancs, de cloportes, d'insectes… : c'est normal, ce sont les habitants-travailleurs ! Ce sont tous les aides au compostage. Sans eux, rien ne se fait.
- Il y a des filaments blancs sur le dessus du compost : ce sont les filaments constituant le mycélium du champignon. C'est lui qui « digère » la cellulose et la lignine. Merci à lui pour sa contribution !
- Peut-on mettre la viande et le poisson au compost ? Dans l'absolu, oui. Mais cela peut apporter quelques désagréments. D'abord les odeurs si le compostage ne se fait pas bien. Le poisson qui

fermente a une odeur, comment dirais-je, nauséabonde. De plus, les petits rongeurs adorent les restes de viande. Les gros rats aussi.

- Faut-il arroser le tas avec un activateur de compost ? Mon avis est que ça ne sert pas à grand-chose et que ça coûte cher. C'est un apport d'azote qui peut être réalisé avec un purin d'orties fait maison. Mais accélérer un compostage n'a pas vraiment d'intérêt. Un jardinier pressé est un oxymore !

COMMENT UTILISER LE COMPOST

Quand il est mûr, c'est-à-dire quand on ne reconnaît plus les différentes matières qui le composent, on peut utiliser le compost en l'épandant en surface. Il suffit de l'enfouir avec une griffe dans les premiers centimètres, c'est suffisant. Il est inutile de le mettre au fond d'un trou de plantation : l'air manquant, les champignons ne peuvent y vivre. La richesse d'un sol est à sa surface. Vous pouvez épandre le compost entre les rangs du potager, au pied des arbres et arbustes, et même saupoudrer votre pelouse.

La quantité dépend de vos cultures et de la qualité de votre sol. La moyenne se situe entre 3 et 10 kilos par mètre carré par an (à raison de 2 centimètres d'épaisseur sur toute la surface).

Dans le verger, la dose de compost se situe entre 3 et 10 kilos par arbre, suivant l'âge de ce dernier et le type de sol.

La pelouse a besoin de fertilisant, on l'oublie trop souvent. Pour ce faire, tamisez un compost sec et épandez 2 kilos par mètre carré.

Le compost est aussi utilisable dans les bacs et jardinières. Mélangez-le au terreau de rempotage à hauteur de 20 %, ça devrait suffire dans un premier temps.

Vous voici paré pour valoriser les déchets ménagers cuisine et jardin. Un autre matériau a son importance dans les techniques de jardinage : le terreau.

Les terreaux, la terre végétale

LES TERREAUX

Il y a un terreau pour chaque utilisation : terreau de semis, de plantation, horticole, pour géranium, pour arbres et arbustes, pour rosiers, pour fraisiers… Il existe presque un terreau pour chaque plante et pour chaque stade de culture ; de quoi y perdre son latin botanique.

Bon à savoir

Le terreau est un support de culture composé de plusieurs matériaux qui diffèrent suivant la destination du terreau : tourbe brune, tourbe blonde, résidus forestiers, écorces de pin, fumier, fibres de coco, argile, compost, pouzzolane ou perlite (deux roches volcaniques)…

En fait, les terreaux ont des qualités physiques et chimiques différentes qui répondent à des normes. Si vous êtes perdu, faites confiance à l'emballage. Un terreau pour cactées n'est pas le même que celui destiné aux rosiers.

Évitez le terreau « horticole ». C'est une dénomination qui ne veut pas dire grand-chose. Souvent, c'est le moins cher. Si c'est pour mélanger à la terre du jardin afin de la rendre plus souple, vous pouvez investir. Le terreau « horticole » possède une grande proportion de tourbe ou d'écorces d'arbre, souvent du pin. Dans le cas d'un acte défini, comme un semis, une plantation d'arbre ou de fleurs en jardinière, choisissez un terreau spécifique et de bonne qualité.

ATTENTION

Un terreau même enrichi n'est pas un fertilisant. Il modifie la rétention en eau d'un sol, il joue le rôle d'éponge, mais ne remplacera jamais une fertilisation adaptée à vos cultures. Un terreau, aussi bon soit-il, n'est qu'un support de culture.

LA TERRE VÉGÉTALE

« Mon terrain est mauvais, je vais faire venir un camion de terre végétale. » Combien de fois ai-je entendu cette phrase… Stop ! Lisez ce qui suit avant d'investir.

Qu'est-ce que la terre végétale ? Principalement de la terre de fondations de construction, de curage de fossés, de décapage. Dans le cas d'un rehaussement de terrain ou de comblement d'un trou, il vous faut de la terre de remblai, peu importe sa qualité. En revanche, si vous souhaitez améliorer le sol de votre jardin, achetez de la terre végétale dans une entreprise spécialisée, qui vous garantira le meilleur produit répondant à votre besoin : terre pour un potager, pour une pelouse, pour une plantation d'arbres… Mais la meilleure des actions pour un jardinier est d'améliorer l'existant et d'adapter ses cultures, ses plantes, au type de sol. C'est plus simple et les résultats sont meilleurs ou moins aléatoires.

Mon conseil **bio**

Il est plus simple et plus efficace d'**adapter les plantes à son jardin**, en tenant compte des différents paramètres du biotope, c'est-à-dire du type de sol et du microclimat qui y règne, que de changer tout l'environnement pour des plantes qui ne s'adapteront peut-être jamais. Adaptez les plantes à votre jardin et non l'inverse.

LE TRAVAIL DU SOL

Petit paragraphe polémique sur le retournement du sol.
Depuis l'invention du tracteur, la charrue descend de plus en plus profond, et les labours profonds ont encore leurs adeptes. Si, autrefois lorsque la charrue tirée par le cheval descendait à 10 ou 15 centimètres, tout allait bien pour la vie du sol. Les retournements plus profonds mélangent les couches et la microfaune se retrouve dans une strate avec beaucoup moins d'air. En bref, les micro-organismes, et notamment les champignons, meurent. Un labour profond tue la vie du sol. Il tasse ce dernier et fait remonter en surface des graines d'adventices.

Dans un jardinage respectueux, on ne retourne pas la terre, on la décompacte, on la détasse, on l'aère. Un bêchage léger (moins de 15 centimètres), un décompactage à la fourche bêche ou à la grelinette, ou juste un griffage de surface avec un croc permettent d'obtenir une surface propre aux cultures.

À ce stade, vous connaissez le sol de votre jardin et les corrections éventuelles à lui apporter, vous avez une bonne idée du microclimat qui y règne, vous avez fait la liste, avec les membres de votre famille, des besoins de chacun. Vous allez maintenant entrer dans le monde de la décoration végétale : quelles plantes choisir, comment les planter et les entretenir ?

3

Les végétaux

- Sélectionner vos variétés en fonction de votre écosystème.
- Planter vos plantes correctement et au bon moment.
- S'initier à la multiplication des plantes par des procédés simples : semis, bouturage et division de touffe.

Le choix variétal

Le jardinier écoresponsable, surtout avec son envie de bien-être, de jardin au naturel, d'aménagement durable, doit respecter un certain nombre de critères afin de s'assurer du bon développement des plantes. Pour cela, il est un concept à comprendre et adopter : l'écosystème.

Bon à savoir

L'écosystème est l'ensemble des interactions qui se produisent entre la biocénose, c'est-à-dire l'ensemble des êtres vivants d'un endroit donné, et le milieu dans lequel ils évoluent, le biotope. En d'autres termes, le jardin est vivant dans un milieu qui lui est propre.

Le jardin est un écosystème. Et chacune de ses parties est aussi un écosystème. On parle de l'écosystème de la mare (du bassin), de la haie, de la prairie, etc. Chaque espèce vivante est considérée dans son environnement. Il est donc important de placer les végétaux dans un environnement qui leur convient. Cela paraît évident en le disant, parfois moins dans la pratique.

Que doit-on faire alors ? Comment appliquer ce principe de respect de l'écosystème quand on a la charge d'un jardin ? Nous n'avons pas encore abordé une notion élémentaire indispensable : **l'aléa climatique.**

Températures positives ou négatives, humidité de l'air, ensoleillement, force et direction du vent, précipitations sont les facteurs climatiques limitant parfois, tout au moins influençant les travaux de jardinage et la pousse des plantes. Les végétaux sont très sensibles à leur exposition, à leur biotope. Nous avons vu précédemment les critères des différents sols et la façon de corriger les excès ou manques. Si la nature du sol est un facteur essentiel à prendre en compte dans le choix des végétaux, leur exposition est tout aussi vitale.

Les points de vente ne proposent pas uniquement des plantes qui se porteront bien dans votre jardin ! Elles ne sont peut-être pas adaptées pour chez vous. Pourquoi les trouve-t-on alors à la vente ? Parce que tous les jardins ne se ressemblent pas. Il existe des différences de sol et de climat d'un endroit à un autre. Et parce que les plantes peuvent être considérées par certains comme des denrées périssables, comme un bouquet de fleurs. Un bouquet fane, et on le remplace. Pourquoi pas, mais si le jardinier pense que toutes les plantes sont des denrées périssables à court terme, il s'écarte d'un jardinage durable et respectueux de l'environnement.

Soyez vigilant dans l'acquisition des végétaux proposés. Vouloir des rhododendrons fleuris dans un jardin en front de mer du sud-est de la France, c'est se confronter très vite à des déboires. Un sol peut être modifié partiellement, une exposition optimisée, mais le climat général est là. Jardiner au naturel, c'est aussi respecter les besoins de la plante afin de limiter les risques de maladies et d'attaques parasitaires. Ne pas prendre en compte le biotope de la plante, c'est s'assurer quelques désagréments. Certes, un jardin n'est pas immuable. Si une plante meurt, on peut la remplacer. Néanmoins, ce n'est pas l'idée première d'un jardinage au naturel.

Donc l'un des critères de choix d'un végétal est **le respect de son biotope**, additionné des aléas climatiques locaux. On parle alors de « microclimat ». Dans la pratique, il y a des plantes qui supportent le plein soleil, d'autres le gel, d'autres encore le plein vent.

Mon conseil bio

Ne succombez pas à **l'achat d'impulsion** – aïe ! – et choisissez vos plantes en fonction de l'endroit où vous allez les mettre et non l'inverse – re-aïe !

Vous pensez que c'est compliqué de bien choisir une plante ? En appliquant les conseils qui suivent, vous allez réussir à trouver la plante qu'il vous faut et à l'installer à l'endroit adéquat. Énumérons les critères de choix d'un végétal.

LA HAUTEUR

La hauteur d'un végétal est donnée pour les arbres âgés d'une vingtaine d'années en général. La hauteur des arbustes est celle des individus d'une dizaine d'années. Néanmoins, ces tailles sont indicatives. Nombreuses sont les exceptions. J'ai vu un *Ribes sanguineum* (groseillier fleur) prévu pour une hauteur de 2 mètres dépasser allègrement les 3 mètres (+ 50 %) parce qu'il était planté sur l'ancien emplacement d'un tas de compost. À l'inverse, il y a dans la nature, et parfois dans les jardins, des bonsaïs naturels. Certes, certains végétaux peuvent être taillés, mais pas tous…

Lagerstroemia adulte

La hauteur ne fait pas tout. Le diamètre est aussi à prendre en considération. Un cyprès de 10 mètres a une envergure différente d'un saule pleureur de la même taille. Comptez 1 mètre de diamètre pour le premier, 8 à 12 mètres pour le second.

Genista hispanica

Mon conseil bio

Connaître le diamètre des arbres, arbustes, conifères et plantes fleuries, c'est anticiper la distance de plantation des uns par rapport aux autres. Les végétaux d'un massif ont leur propre développement. Lorsque les plantes sont trop serrées, elles rentrent en compétition pour la recherche de la lumière. De plus, les atmosphères confinées plaisent beaucoup aux parasites !

LES COULEURS

Si la couleur des fleurs est un des principaux critères, il est bon de savoir que cette dernière peut être sensiblement modifiée par la nature du sol. Suivant les concentrations de calcaire, de magnésie, d'humus, certaines plantes ont tendance à avoir des teintes plus ou moins soutenues.

Anecdote

J'ai planté un rosier tige dont la base des pétales devait être rose. Durant trois ans, le rosier a fleuri pourpre foncé ! La brouette de compost que j'avais mise dans le trou devait y être pour quelque chose. La couleur est revenue à sa normale la quatrième année.

La couleur du feuillage joue un rôle important dans un ensemble végétal. Les teintes de vert sont nombreuses, les gris plus ou moins bleutés, les panachures dorées ou argentées, sans compter les fabuleux coloris de feu des feuilles caduques à l'automne.

Certains arbustes atteignent leur beauté maximale lors des périodes de fructification. Le banal cotonéaster se pare de lumineuses petites boules rouge orangé en automne, à la grande joie des oiseaux.

Ce serait une erreur d'oublier la couleur du bois. Les caducs en jouent. L'écorce grise du platane, brun rougeâtre du cerisier, blanc gris du bouleau, verte du sophora apportent de la couleur au jardin durant la saison morte. Oh, que cette dénomination est laide ! Parlons plutôt de saison « endormie ».

L'intensité lumineuse a une action certaine sur la couleur, pas toujours heureuse d'ailleurs. Les pastels paraissent ternes en pleine lumière. Les feuillages des plantes d'ombre sont brûlés par une lumière trop violente. Le feuillage du noisetier pourpre verdit. En revanche, le gris de la face inférieure du peuplier argenté est d'une brillance admirable au premier rayon de soleil. Les peintres connaissent bien le phénomène de cette couleur changeante et s'en amusent.

Anecdote

Claude Monet (1840-1926) prenait la lumière comme « personnage principal » et peignait le même sujet à différentes heures de la journée, car la lumière et les couleurs variaient. Il a peint vingt-cinq fois une meule de foin à différentes périodes de l'année.

Robert Dash (1931-2013), peintre américain et jardinier, disait : « La couleur dominante du jardin est le vert et tout le reste n'est qu'une question d'ornement assez secondaire. » Le jardinier lecteur appréciera…

En photo comme en peinture, tout est affaire de lumière

L'ODEUR

Les fleurs sentent bon, plus ou moins fort, ou pas du tout. « Pas du tout » car certaines ne sentent rien. Et « pas du tout » dans le sens où d'autres sentent carrément mauvais ! Avez-vous déjà mis le nez dans une fleur de sureau ou de *Photinia* ? Apprécier une odeur, comme une couleur, c'est très personnel. Mais tout de même, le sureau et le *Photinia* sont arrivés en retard lors de la distribution des parfums agréables… Enfin, les plaisirs olfactifs sont subjectifs. Il vous appartient d'apprécier ou non. C'est pourquoi il est bon de visiter des parcs et des jardins afin de se faire une idée sur l'intérêt des végétaux. Mais rassurez-vous, même les fleurs aux odeurs douteuses trouvent des pollinisateurs pour les butiner !

Anecdote

Il m'est arrivé de visiter un jardin dit « d'aveugles ». On s'y promène les yeux fermés et on se laisse envahir par les fragrances des lilas, roses, chèvrefeuilles, mahonias, seringas, muguets, chalef, *Sarcococca*… C'est une expérience très apaisante.

Chèvrefeuille arbustif

LE FEUILLAGE

Bon à savoir

Persistant = qui persiste, qui dure. Une plante au feuillage persistant garde ses feuilles tout au long de l'année. Elle les renouvelle partiellement à la belle saison. Une plante caduque perd tout son feuillage en automne. Dans le cas de certaines plantes vivaces herbacées et des plantes à bulbes, ne subsistent que les parties souterraines.
La notion de semi persistant est employée pour des végétaux gardant une partie de leur feuillage en hiver. Tout dépend des températures minimales qui en font chuter une partie plus ou moins importante.

Le feuillage peut être caduc ou persistant.

L'utilisation du persistant permet d'obtenir une barrière visuelle, que ce soit pour se cacher ou ne pas voir ce qu'il y a derrière. Le persistant annule quasiment l'action de ramassage des feuilles en automne. Ce qui peut paraître anodin à certains est une vraie corvée pour d'autres. L'ombre de la terrasse, donnée par un arbre ou une grimpante sur une pergola, est salutaire en été. Mais le choix d'une plante caduque permet de bénéficier du soleil en hiver. Et lorsque les feuilles tombent, elles trouvent rapidement le chemin du compostage maison.

LA FRUCTIFICATION

Évidemment, on pense tout de suite aux arbres ou arbustes fruitiers, plantés pour leur production. On peut trouver la floraison du cerisier splendide, on attend surtout les fruits qui vont suivre. En revanche, la fructification des arbustes dits « à baies », comme les viornes, chèvrefeuilles, cotonéasters, houx, fusains et sureaux, est utile pour la biodiversité. Les oiseaux visiteront votre jardin et y séjourneront peut-être si le gîte et le couvert leur conviennent. Les oiseaux font aussi le grand ménage dans les populations d'insectes et de leurs larves gloutonnes. Les nichoirs et les mangeoires sont très appréciés de nos amis à plumes dans un jardin respectueux de l'environnement.

Fruits de troène

Fruits de Nandina

Voici une liste non exhaustive, d'arbustes fructifères que l'on peut mettre en haie ou en massif :

- amélanchier ;
- *Callicarpa* ;
- cornouiller ;
- cotonéaster ;
- houx ;
- *Nandina* ;
- pommier à fleurs ;
- pyracantha ;
- sorbier ;
- troène ;
- laurier-sauce ;
- viorne.

LES ABEILLES

Autre facteur de choix, les plantes mellifères ou nectarifères (qui produisent du miel ou du nectar). Les fleurs offrent nectar et pollen aux insectes butineurs. Les abeilles jouent un grand rôle dans la pollinisation et la réussite de la production de fruits et de légumes-fruits. Mais elles sont épaulées par d'autres insectes, comme les guêpes, les bourdons, les fourmis, les papillons, les mouches, les coccinelles, les cétoines, les punaises, etc. Volant de fleur en fleur, les insectes butineurs transportent le pollen des étamines et favorisent la fécondation des pistils. S'ensuivra la naissance d'un fruit. Je prends un raccourci, mais sans insectes, on mourrait de faim très vite !

Les plantes mellifères d'automne comme le chalef (*Elaeagnus ebbingei*), la sauge, le népéta, le chèvrefeuille arbustif, l'abélia sont de vraies richesses pour les abeilles. Un jardin au naturel se doit de posséder des essences mellifères de toutes saisons. Ce sont des gages de réussite et d'entretien de la biodiversité.

Abeille sur viburnum

Mon conseil bio

Plantez des végétaux mellifères et nectarifères. Le nectar finira en miel et les abeilles s'en nourriront. Le pollen mélangé au miel est destiné aux larves.

« Prends du miel mais laisses-en un peu aux abeilles. »

(Proverbe danois)

Voici une liste non exhaustive de plantes mellifères ou nectarifères facile à cultiver dans son jardin écoresponsable.

- Arbres fruitiers : abricotier, cerisier, châtaignier, framboisier, noisetier, pêcher, pommier, prunier et, si votre région le permet, agrumes.
- Arbres d'ornement : aulne, bouleau blanc, cytise (*Laburnum*), eucalyptus, frêne à fleurs, tilleul, orme, peuplier.
- Arbustes : argousier, chalef, chèvrefeuille arbustif (*Lonicera fragrantissima*), cotonéaster, églantier, Gattilier (*Vitex agnus-castus*), laurier-cerise, lilas, mahonia, *Viburnum lantana*.

- Plantes grimpantes : glycine, lierre, vigne vierge.
- Plantes aromatiques et condimentaires : basilic, ciboulette, coriandre, hysope, lavande, romarin, sauge, thym.
- Plantes potagères : artichaut, courge, fenouil, panais, topinambour.
- Plantes ornementales : agastache, aster, bleuet, bourrache, campanule, caragana, centaurée, colza, consoude, coréopsis, *Echinacea*, giroflée ravenelle, gypsophile, luzerne, mauve, moutarde, népéta, phacélie, rose trémière, tournesol, trèfle, valériane.
- Et sur la première marche du podium, le pissenlit !

Phacélie

LE SYSTÈME RACINAIRE

Le système racinaire d'une plante est au moins aussi volumineux que l'ensemble de ses parties aériennes. Les cas où le volume des racines est bien plus important sont nombreux. De plus, les racines ne forment pas un volume symétrique aux branchages. Longueur, forme et profondeur dépendent de l'espèce végétale, du moyen de propagation (semis ou plantation) et du type de sol, ainsi que de ce que les racines vont rencontrer (fossé plein d'eau ou rocher). D'ailleurs, rares sont les indications mentionnant le type de système racinaire des végétaux, qu'il faudrait de toute façon prendre avec des pincettes, tant les exceptions seraient nombreuses.

Les racines servent à fixer la plante au sol et œuvrent pour leur nutrition. Le système racinaire peut être profond, avec une racine principale pivotante (comme une carotte géante), traçante (c'est-à-dire à l'horizontale, juste sous la surface du sol), ou encore fasciculée (comme les racines du poireau). Parfois, le système racinaire fait comme il peut et les racines ont un tracé étonnant, à la fois en profondeur et à l'horizontale.

C'est dans l'hypothèse de racines traçantes que les ennuis commencent. Le cas le plus flagrant est l'acacia (de son véritable nom français, le robinier, *Robinia pseudoacacia*). Son réseau de racines a le désagrément de déformer la surface, même dallée, sans compter que la moindre blessure sur une racine vous donne un rejet, autrement dit un nouvel arbre ! N'imaginez même pas vous en dépêtrer. Il n'y a qu'un engin de terrassement qui pourrait venir à votre secours, et encore...

Les principales espèces pouvant présenter des racines traçantes sont le bouleau, le hêtre, le frêne, le houx, le liquidambar, le *Parrotia*, le paulownia, le catalpa, la plupart des pins, le platane, le peuplier, le prunus pourpre, le robinier, le saule, le sorbier des oiseaux, le tamaris, le tilleul.

ATTENTION

Prenez vos précautions et plantez les arbres **à plus de cinq mètres** des constructions.

Les bambous jouent la même partition. Ce ne sont pas les racines qui posent problème, mais leurs tiges traçantes souterraines, les rhizomes. Mais le résultat est le même. À part quelques bambous dits « cespiteux » (qui poussent en touffe), il vaut mieux essayer de contenir ces graminées colonisatrices dans une fosse bordée d'un film antirhizome.

LA RUSTICITÉ

La résistance au froid est un critère important. Les végétaux rustiques peuvent subir des températures de – 20 °C, d'autres ne supportent pas le moindre coup de gel. Pour une même espèce, certaines variétés sont plus résistantes que d'autres. Certains lauriers-roses résistent à – 15 °C, d'autres claquent des dents ailleurs que sur la Côte d'Azur.

Les températures minimales données sont donc une simple indication. Tout dépend de la fréquence et de la durée de ces températures minimales. Le vent et l'humidité du sol ont aussi une incidence sur la résistance au froid. La conjugaison du froid et de l'humidité peut être fatale.

On peut ajouter comme facteur de résistance l'état de vigueur de la plante. Un végétal qui souffre de malnutrition ou affaibli par une attaque parasitaire sera moins apte à se défendre. Prenons le cas des oliviers. Un froid hivernal affaiblit une grande partie de la ramure, et c'est l'invasion d'un petit insecte xylophage, le neiroun, qui colonise le bois. Rien à faire sinon couper les parties atteintes et de les brûler. Dans les vergers que j'ai visités, j'ai constaté que le neiroun n'attaque que des plantes affaiblies, notamment par le gel.

Anecdote

Durant l'hiver 1956, entre le 2 et le 19 février, trois vagues de froid sans précédent s'abattent sur la France et notamment sur le Sud. La neige et le vent violent (180 km/h dans la vallée du Rhône) mettent à mal toutes les productions agricoles. La sève des oliviers gèle et le bois éclate. Ce sont plus de 5 millions d'oliviers qui sont anéantis. L'oléiculture ne s'en relèvera pas.

Mon conseil bio

Il est toujours possible de **protéger le pied** par un paillage et d'emmailloter les parties aériennes avec un voile d'hivernage. Il est aussi plus sage de choisir des plantes adaptées à son jardin et au microclimat qui y règne.

LE PRIX

Le prix d'une plante dépend de plusieurs facteurs. Les plantes grimpantes, les plantes de haies, les conifères sont vendus en fonction de leur hauteur. Pour les arbres, c'est la circonférence du tronc à 1 mètre de hauteur qui est prise en compte. Les conifères rampants sont classés suivant leur diamètre. À cela s'ajoute l'incidence du conteneur (type et volume, rigide ou souple). Les rosiers et certains petits fruits, comme les framboisiers, groseilliers, cassis, sont vendus en racines nues ou dans une poche contenant de la tourbe. Vous les trouverez dans les points de vente en automne et hiver. Au-delà, il vous faudra les acheter en conteneur, avec une tarification plus élevée.

Autre facteur influençant le prix : le mode de multiplication. Les végétaux issus de greffe, comme certains rosiers, arbres fruitiers, conifères ou arbustes, ont un tarif supérieur aux mêmes variétés issues de bouture ou de semis.

Le mode de production est important. Des producteurs ont signé l'engagement de cultiver de façon respectueuse, avec un impact minime sur l'environnement : choix des terreaux, des fertilisants, des produits de traitement, le tout « accepté en agriculture biologique ». Tout cela a une incidence sur le prix final. Il est donc difficile de comparer les prix tant les variables sont nombreuses.

Mon conseil est de s'occuper davantage de l'état du système racinaire, du volume de celui-ci ainsi que du point de greffe que de la hauteur d'une plante. Un petit volume de racines pour une grande plante ou une greffe mal soudée sont deux paramètres qui incitent à laisser ces plantes là où elles sont.

Un jardin ne se construit pas en une année, alors si vous avez prévu l'achat de plusieurs plantes, choisissez-les de qualité, quitte à étaler dans le temps les achats et plantations afin d'équilibrer votre budget.

Bon à savoir

Une plante greffée est l'association de deux plantes : le greffon issu de la plante à multiplier, qui donnera le tronc et la ramure, et le porte-greffe – on devrait l'appeler le « porte-greffon » – qui est le système racinaire.

Le point de greffe est l'endroit où a été inséré le greffon sur le porte-greffe. La plupart des arbres fruitiers et des rosiers sont greffés. Le point de greffe doit être bien cicatrisé sur tous les côtés.

Plante greffée

L'AMBIANCE

Un jardin est un ensemble. Il a une lecture. Il décrit une ambiance. J'ai eu un merveilleux professeur de conception de jardins durant mes études. Il m'a dit un jour : « Si tu veux planter un saule pleureur, creuse le lac avant ! » Cette boutade visait à illustrer le propos suivant : un jardin a une âme. Il nous parle. Encore faut-il qu'il en ait la possibilité, c'est-à-dire que les discours ne se mélangent pas. Illustrations…

Que vous évoque la vue d'un palmier ? L'exotisme ? Des vacances au soleil ? Les îles paradisiaques ? Une oasis ? Ces sentiments vous appartiennent. Mais d'autres plantes ont-elles la même signification ? Si oui, elles vont ensemble. Si non, plantez-les ailleurs. Un grand conifère, sapin ou cèdre, vous parle-t-il de la même façon ? Est-ce qu'il vous évoque l'exotisme, les vacances au soleil et les îles paradisiaques ? Assurément non. Évitez de le planter côte à côte avec le palmier, ils n'ont pas le même langage.

Mon conseil bio

Pour vous amuser, regardez une plante et placez-la dans une ou plusieurs catégories parmi les suivantes : ambiance montagnarde, méditerranéenne, désertique, campagnarde, bord de mer, exotique, forestière, japonisante. Ça vous aidera à créer des ensembles de plantes, des massifs, avec une lecture agréable.

Vous voulez un petit bassin, parce que c'est bien pour la biodiversité, pour abreuver les abeilles en été, parce que ça vous rappelle celui du jardin de vos parents… Le bassin est en place, c'est au tour des plantes. Que voulez-vous ressentir ? Pour une ambiance d'oasis, ce sera un savant mélange de petits palmiers, de bambous et de cactus. Pour une ambiance campagnarde, vous planterez des végétaux à larges feuilles, des graminées, des iris d'eau et un arbre feuillu pour avoir de l'ombre. Et pour une ambiance montagnarde, ce sera un ensemble de petits conifères et de plantes vivaces alpines.

Donc, évitez de mélanger un cactus, un iris et un genévrier rampant ! Aussi belles que soient ces plantes, la lecture en serait altérée.

Vous pouvez aussi réaliser une succession d'ambiances différentes : une pour le coin du bassin, une autre pour la terrasse (jardin de poteries), une autre pour le coin du potager et des herbes aromatiques… Vous pouvez créer des ambiances différentes dans plusieurs endroits du jardin, mais avec les plantes adaptées à chaque ambiance recherchée. Bref, amusez-vous ! Aménagez votre jardin avec ce qui vous parle, ce qui vous rend heureux, vous apaise. Le jardin est un endroit où il fait bon vivre. Attaquez-le par les sentiments…

CAS PARTICULIER : LES PLANTES DE HAIES

Dans les nouveaux jardins, la haie de séparation est le premier investissement. À tort ou à raison, on voudrait une haie brise-vue, brise-vent, défensive, écologique, colorée, sans maladie ni parasite, à pousse rapide jusqu'à sa hauteur définitive, à pousse très lente ensuite… On oublie le mur peint en vert quand on est un jardinier écoresponsable !

La haie est un investissement pour plusieurs décennies. Une fois qu'elle est en place, il est rare d'en changer, sauf pour quelque remplacement occasionné par une mortalité précoce. Il est donc important de ne pas se tromper dans le choix des variétés. Si l'on copie ce qui existe déjà, il y a des risques que le choix se porte sur les fameux cyprès de Leyland, le laurier-amande ou cerise, le troène, le *Pyracantha*, le thuya ou autre persistant à pousse rapide et d'une taille supérieure aux 2 mètres réglementaires.

Voilà deux erreurs à éviter : ces variétés ont des croissances fortes qui ne s'arrêtent pas à la réglementation ; et la haie monovariétale est une insulte à l'écologie et au principe de précaution. Ce, pour plusieurs raisons :

- une espèce végétale trop présente sur une petite surface a tous les risques de voir ses spécimens attaqués par un parasite (problème de la monoculture) ;
- si un spécimen est atteint, c'est la haie tout entière qu'il faut soigner ;
- si le parasite n'est pas éradiqué, il revient en force ;
- lors de la floraison, il y a une grande concentration de pollen d'une même espèce, occasionnant des allergies (pollinoses) ; ce qui devient, dans le cas des Cupressacées (cyprès, thuya…), un problème de santé publique ;
- les conifères ont tendance à rendre le sol stérile ;
- ils ne sont pas visités par les abeilles ou les papillons ;
- la biodiversité d'une haie monovariétale de conifère est quasiment nulle !

Bon à savoir

Une haie monovariétale est constituée d'une seule espèce végétale (par exemple, la haie de lauriers, la haie de thuyas...). Il est préférable, pour la biodiversité et l'entretien futur, de choisir plusieurs espèces végétales. C'est la haie mixte ou variée.

Donc, pour plus de naturel, une seule solution : la haie mixte (dite aussi « variée »). Avec des feuilles qui tombent, des feuilles qui restent, des fleurs pour les abeilles, les papillons et autres auxiliaires, des fruits pour les oiseaux, des abris à bébêtes, des couleurs, des odeurs, c'est une haie pour la vie avec plein de vies.

On peut choisir quelques conifères pour garnir une haie, mais parcimonieusement. La généralité voudrait que le nombre de conifères ne dépasse pas 20 %. Pour moi, c'est déjà 15 de trop... En revanche, une haie avec 30 % de persistants (non-conifères) et 70 % d'espèces à feuillage caduc reçoit toute ma sympathie ! Enfin l'important est surtout que l'ensemble vous siée : vous aurez la haie sous les yeux durant quelques décennies.

Mon conseil bio

Plantez, au pied de votre haie, des plantes à bulbes et des vivaces. Elles profiteront de la protection de la haie et habilleront le bas avec quelques pointes de couleur qui donneront à l'ensemble un air campagnard.

Si vous ne pouvez pas planter votre haie à 2 mètres de la clôture par manque de place (voir le chapitre *Les distances de plantation* p. 71), vous installerez des arbustes à fleurs ou à fruits, tels que l'*Abelia*, le *Berberis*, le cotonéaster, l'*Elaeagnus*, l'*Escallonia*, le troène, le *Photinia*, le *Pittosporum*, la spirée, le laurier-tin, auxquels vous ajoutez les arbustes à fleurs qui vous enchantent. Il faut bien se faire plaisir !

Si vous avez de la place, si les plantes peuvent dépasser les 2 mètres de hauteur sans trembler de peur à l'idée du passage d'un taille-haie rectificatif, vous avez un choix énorme. À plus de 2 mètres de la clôture, les arbres et les arbustes vont pouvoir cohabiter ! Érable de Montpellier, cerisier à grappes, merisier, pommier à fleurs, amélanchier, noisetier seront les « pièces maîtresses ». Et pour garder un caractère naturel et quelque peu sauvage, le sécateur n'intervient qu'en cas de nécessité absolue. Il vous reste à boucher les trous entre les arbres avec les arbustes cités.

La plantation

QUAND PLANTER

« Les plantations d'arbres, d'arbustes et de conifères vendus en conteneurs se font toute l'année ! » Ce n'est pas faux, mais il faut y mettre des bémols.

Mon conseil bio

Quel est le dicton le plus populaire du jardinier ?

« À la Sainte-Catherine, tout bois prend racine. »

C'est donc le 25 novembre que tout bois mis en terre fait des racines. Et le 26, c'est trop tard ? Fin novembre, les feuilles sont tombées, le repos hivernal commence. C'est à cette période que les végétaux caducs souffrent le moins des transplantations. Mais tant que la sève ne remonte pas, courant mars, vous pouvez planter les végétaux caducs, surtout ceux proposés en racines nues. Hors périodes de gel.

Il est préférable de planter les végétaux en conteneurs (ou en pots) entre septembre et avril, hors périodes de gel. Entre mai et août, il faudra arroser davantage. **Les plantes de terre de bruyère** ont une préférence pour le printemps. Les végétaux présentés en racines nues, c'est-à-dire sans conteneur (fruitiers, arbres d'ombrage, rosiers, etc.), sont plantés en période de repos de la végétation, entre novembre et mars, quand il n'y a plus de feuille aux branches.

Les plantes vivaces et les fraisiers voient votre jardin en automne. Ce sont les périodes optimales. Néanmoins, les arbustes à fleurs et les vivaces ont tendance à être présents dans les points de vente durant leur floraison. C'est plus facile pour les choisir. Le printemps est devenu la saison principale de plantation.

Les plantes à massif annuelles (*Ageratum*, amarante, bégonia, célosie, capucine, cléome, cosmos, gazanie, œillet d'Inde, pétunia, reine-marguerite, etc.) colorent vos massifs souvent très tôt en saison, trop tôt parfois. Ne vous précipitez pas pour vos premiers achats ou semis en pleine terre, attendez bien que, là où se trouve votre jardin, les gelées ne soient plus à craindre.

Les plantes bulbeuses à floraison printanière (anémone, fritillaire, iris, muscari, narcisses, ornithogale, perce-neige, renoncule, scille, tulipes, etc.) se plantent en automne, avant le froid.

Les plantes bulbeuses à floraison estivale (agapanthe, arum, bégonia tubéreux, *Canna*, *Crinum*, *Crocosmia*, dahlia, freesia, glaïeul, hémérocalle, lis, nérine, oxalis, *Tulbaghia*, *Zephyranthes*, etc.) se plantent au printemps, après le froid.

Mon conseil bio

SUGGESTION POUR DÉBUTANT

Au printemps, plantez lorsque les gelées ne sont plus à craindre. Mais pas trop tard en saison, car l'enracinement ne serait alors pas assez important pour passer l'été. Les arrosages devront être plus importants. Le mois de mai semble être la période de plantation printanière optimale pour beaucoup de régions françaises.

COMMENT PLANTER

Vous avez trouvé votre belle, choisi son emplacement en imaginant sa taille adulte, il faut maintenant concrétiser !

Mon conseil

bio

Une plante, un arbre ont **un côté plus joli** que les autres. Tournez la plante dans le trou avant de le reboucher, de façon à présenter son plus beau visage.

PLANTATION D'UN ARBRE À RACINES NUES : COUPE RAFRAÎCHISSANTE ET MASQUE À L'ARGILE !

Coupez légèrement l'extrémité des racines avec un sécateur. Dans une brouette, faites un mélange de terre et d'eau, de compost et, si vous en avez sous la main – ou dans le champ d'à côté –, de bouse de vache. Vous pouvez utiliser un « pralin » prêt à l'emploi que vous trouverez en jardinerie. Les racines sont trempées dans cette boue. Vous venez de réaliser un pralinage ! Laissez sécher, le temps de faire le trou. Ce mélange va créer un environnement favorable à la reprise, en évitant le dessèchement de la racine, et éviter les poches d'air.

À l'aide de vos outils adéquats et préférés (pioche, bêche, pelle), creusez un trou de 70 centimètres de profondeur sur 1 mètre de côté. Ne vous fiez pas au volume des racines au moment de la plantation mais imaginez le développement de votre arbre. Le trou sera pensé en fonction de la vigueur de la plante. Comptez 50 centimètres en tous sens pour un arbuste. Ce sont là des dimensions optimales. Dans la vraie vie du jardinier, faites pour le mieux. Au tractopelle, 1 mètre cube, c'est bien.

Mon conseil bio

Si vous avez du mal à creuser en profondeur parce que la terre est vraiment dure, remplissez au début votre trou avec de l'eau. Lorsque vous continuerez à creuser le lendemain, ce sera bien plus facile.

Vous allez ensuite reboucher le trou, partiellement. Lorsque vous présentez l'arbre à sa nouvelle demeure, le collet (c'est-à-dire le point intermédiaire entre le tronc et les racines) se trouve au niveau du sol. Cela ne sert à rien de le planter plus profond, il ne tiendra pas mieux pour autant. Rebouchez le trou avec le reste de terre. Secouez légèrement l'arbre afin de faire glisser la terre entre les racines. Ajoutez le fertilisant adéquat (compost, corne broyée ou engrais naturel de plantation) et mélangez-le aux derniers centimètres du sol. Arrosez copieusement.

Mon conseil bio

Un engrais de fond est un engrais de base plutôt utilisé en automne. Il va libérer ses éléments nutritifs doucement. Mais il est déposé en surface, comme les autres engrais ! On ne l'enfouit pas au fond du trou comme son nom pourrait le laisser supposer.

Pour faire tenir un arbre le temps de son enracinement, rien de mieux qu'un tuteur. Je trouve plus pratique de planter le piquet en oblique, comme pour un arbre en conteneur. Je n'ai jamais réussi à planter un piquet vraiment vertical. Il penche toujours d'un côté. La technique consiste à orienter la tête du piquet en direction du vent dominant et à pencher le piquet à 45 degrés. Il ne vous reste plus qu'à fixer l'arbre à son tuteur en utilisant des liens prévus à cet effet.

PLANTATION D'UN ARBRE, D'UN ARBUSTE OU D'UN CONIFÈRE EN CONTENEUR : LE SORTIR DU POT !

Plantation : le manche en travers du trou permet de servir de niveau.

La plantation se fait de la même façon, la coupe des racines et le pralinage en moins. Toutefois, il y a une opération importante à effectuer : faites tremper la motte pendant plusieurs minutes afin de bien l'humidifier.

Il se peut que le conteneur se défasse difficilement. Couchez l'arbre et tapotez sur le pot. Vérifiez si des racines sortent par les trous de drainage. Si c'est le cas, coupez ce qui dépasse. La motte, une fois l'arbre mis en terre, doit être recouverte de 5 à 6 centimètres de terre, pas plus. Dans le cas de végétaux de haie, il est parfois plus simple de creuser une tranchée. Le volume de terre remuée est plus important, au grand bonheur des racines.

PLANTATION DES PLANTES À MASSIF, VIVACES ET FRAISIERS

Une bonne préparation du terrain est un gage de réussite. Pour ce faire, détassez le sol sur 15 centimètres à la fourche bêche ou à la grelinette, biogriffe, bêche écolo – le nom de l'outil dépend de la marque (voir le schéma des outils p. 138). Profitez-en pour enlever les racines des plantes indésirables. Ajoutez le fertilisant adapté, griffez, ratissez et plantez !

PLANTATION DES PLANTES BULBEUSES

Préparez le terrain comme pour les plantes à massif. En revanche, suivant l'espèce, la profondeur de plantation change. Voici une liste de plantes et la profondeur maximale de plantation correspondante. On prend comme repère le bas du bulbe et non son sommet.

Bon à savoir

PROFONDEUR DE PLANTATION DES BULBES À FLEURS :

- **cyclamen :** 2,5 centimètres ;
- **anémone, renoncule, crocus, freesia :** 5 centimètres ;
- **glaïeul, perce-neige, scille :** 10 centimètres ;
- **narcisse, jonquille, Sternbergia :** 12,5 centimètres ;
- **tulipe, jacinthe, dahlia, arum :** 15 centimètres ;
- **lis :** 20 centimètres.

Tulipes botaniques

PLANTATION DES PLANTES GRIMPANTES

Avant d'installer une plante grimpante dans votre jardin, il est nécessaire de connaître son mode naturel de fixation. En effet, les plantes grimpantes s'accrochent de différentes façons suivant les espèces. La glycine, dite « volubile », s'entoure à un support. La vigne vierge et la passiflore émettent des vrilles sur leurs tiges. Dans le cas d'une vigne vierge *Veitchii robusta*, les vrilles sont terminées par une ventouse, ce qui lui permet de se fixer même sur une vitre. La clématite enroule le pétiole de ses feuilles sur celui qui veut bien la supporter. Le lierre chausse les crampons présents sur ses tiges. Le rosier, lui, n'a que ses épines pour s'accrocher.

Le mode de fixation vous renseigne sur le support adapté. La vigne vierge et le lierre se contentent d'un mur en crépi. Le chèvrefeuille garnit un support relativement fin en s'enroulant. La glycine a besoin d'une pergola solide, très solide ! Pour les autres plantes nécessitant l'usage de liens pour les guider, l'installation avant la plantation d'un treillage semble indispensable.

Bignone, Clématite, Rhyncospermum

Les grimpantes peuvent garnir des arbres, des haies, des grillages, et même servir de couvre-sol. Lierre, chèvrefeuille, hortensia grimpant – rampant dans ce cas ! – couvrent à merveille les talus et remplacent agréablement un coin de pelouse.

Dans le cas d'une garniture de mur, le trou de plantation se fait à 30 centimètres du mur. Les dimensions optimales sont de 50 centimètres de côté et de profondeur. Dans le cas d'une terre très argileuse, qui retient beaucoup l'eau, placez dans le fond du trou un lit de gravier sur 10 centimètres. Cela facilitera le drainage et limitera le risque de pourriture des racines. Inclinez la motte vers le mur et rebouchez le trou avec un mélange de terre et de terreau. Apportez quelques pelletées de compost et arrosez bien.

PLANTATION D'UNE HAIE

Il est plus simple de creuser une tranchée et le volume de terre foisonnée est bien plus important. Ensuite, il vous suffit de positionner les plantes dans la tranchée en les écartant à la bonne distance (voir paragraphe suivant).

Oubliez la plantation sur bâche plastique. Ce n'est pas pratique d'arroser avec un tel couvre-sol, et il y a bien d'autres façons de garder l'humidité et d'empêcher la venue d'herbes indésirables. Le jardinier au naturel fait son paillage avec… du naturel !

LES DISTANCES DE PLANTATION

Dans le respect d'un bon voisinage, et pour être en règle avec la loi française, voici les distances générales de plantation. Tout dépend de la hauteur des végétaux.

Il se peut que votre commune se réfère à des « usages locaux constants et reconnus ». Il est préférable de se renseigner à la mairie.

Bon à savoir

CE QUE DIT LA LOI[2] :
Pour les plantes ne dépassant pas 2 mètres de hauteur, la distance entre la limite de la propriété et le milieu du tronc de l'arbre (ou le milieu de la touffe de l'arbuste) est de 0,50 mètre minimum. Dans le cas d'une plante dépassant les 2 mètres (il n'est pas précisé de hauteur maximale), la distance minimale à respecter est de 2 mètres.

LES DISTANCES ENTRE LES ARBRES

Tout dépend des arbres et de leur développement. Basez-vous sur la taille adulte des espèces concernées (hauteur et diamètre). Dans un jardinage au naturel, on laisse les plantes s'épanouir. Les arbres ont besoin de place et d'air. On oublie l'idée de recourir un jour à la tronçonneuse ! Bien sûr, certains arbres sont dits, dans la bibliographie horticole, « supporter la taille » : comprenez que la taille ne met pas la vie de l'arbre en danger… en principe si cette dernière est faite sur du bois jeune car une cicatrisation des plaies est aléatoire, voire impossible sur du gros bois, même pour des végétaux dits « supporter la taille » .
Pourquoi planter un arbre au volume imposant arrivé à sa taille adulte ? Choisissez plutôt une espèce ou une variété dont les dimensions sont adaptées au lieu.
Comptez entre 7 et 10 mètres pour séparer deux arbres fruitiers (cerisiers, pommiers, pruniers, etc.), entre 5 et 7 mètres pour des arbres à plus petit développement (comme l'abricotier et le pêcher).

2. *https://www.service-public.fr/particuliers/vosdroits/F614*

LES PLANTES DE HAIES

Pour les plantes de haies, c'est un peu la même chose. Tout dépend de la variété. La moyenne se situe entre 70 centimètres et 1 mètre. Sur une longueur de 50 mètres, écarter les plantes de 80 centimètres au lieu de 70, cela fait environ neuf plantes de moins à acheter, soit quelques économies !

Pour des végétaux à fort développement, comme les seringas (*Philadelphus*), lilas, cotonéasters, abélias, *Elaeagnus*, *Photinia*, lauriers-cerise, la distance entre deux plants peut être de 1,50 mètre sans problème, d'autant plus qu'une haie taillée en hauteur s'épaissit ! Pour rappel, la haie placée en limite de propriété ne doit pas dépasser 2 mètres de hauteur – sauf entente avec votre voisin.

Mon conseil bio

Faites votre choix de végétaux en incluant **des arbustes à fleurs et à fruits (baies)**. Vous aurez le plaisir de voir butineurs et oiseaux se partager l'espace. En augmentant la biodiversité de vos haies, vous aurez un jardin écoresponsable !

Bon à savoir

Pour calculer le nombre de plantes de haie nécessaires, divisez la distance totale (exprimée en centimètres) par la distance entre chaque plant.
Par exemple, pour une haie de 50 mètres et une distance de plantation de 80 centimètres entre les plants : 50 m = 5 000 cm ÷ 80 cm = 62,5 plants. On arrondit à 63 plants ; 70 centimètres de distance entre les plants vous donneraient 72 plants pour 50 mètres de haie.

LES PLANTES À MASSIF

Annuelles et bisannuelles se plantent serrées pour avoir un effet de masse. Prévoyez une plante tous les 20 centimètres. C'est le cas des pensées, des primevères, des *Begonia gracilis*, des pétunias, des lobélies, etc. Les plantes à plus grand développement, comme les zinnias, les rudbeckias, les cosmos, les géraniums, sont à espacer de 40 cm.

Pour obtenir un effet plus « nature sauvage », procédez par taches, par groupes : un groupe de zinnias, un autre plus grand de rudbeckias, un autre plus petit de géraniums, des cosmos entre les groupes pour aérer l'ensemble… Attention toutefois aux couleurs ! Prenez une couleur dominante, qui sera plus présente que les autres, afin d'éviter l'effet patchwork. Dans tous les cas, évitez le massif d'une seule espèce végétale.

LES PLANTES VIVACES

La densité de plantation varie beaucoup : entre 15 centimètres et 1 mètre ! Tout dépend de la variété. Nulle possibilité de donner des généralités quant aux distances de plantation. Tenez compte du développement prévu des plantes. Un massif peut sembler nu au début de la plantation, mais le développement des végétaux donnera un bel effet rapidement. En revanche, si les plantes sont trop serrées à la mise en place, elles ne pourront donner tout leur éclat.

LES FRAISIERS

Les fraisiers se plantent en rang tous les 30 centimètres, en espaçant les rangs de 40 centimètres. Gardez-vous de la place pour poser les pieds ! Les fraises écrasées ne sont bonnes que pour les limaces.

LES ROSIERS

Comptez 60 centimètres entre les rosiers à grandes fleurs ou les rosiers de variété à fleurs groupées (*polyantha*) ; 80 centimètres sont nécessaires entre chaque rosier arbustif – dont on se sert pour faire des haies – ou les rosiers couvre-sol. Dans le cas d'une couverture de mur ou de grillage par des rosiers grimpants, espacez-les d'au moins 3 mètres.

En conclusion, les plantes ont besoin d'espace pour se développer. Les planter trop proches les unes des autres nuirait à leur croissance et au respect de leur port naturel. Sans oublier que plus des végétaux sont serrés, plus ils poussent en hauteur, ce qui peut intensifier les opérations de taille, au moins pour les arbres et arbustes.

La multiplication des plantes

Un autre plaisir du jardinage est la multiplication de ses plantes. Voir grandir de petites fleurs colorées ou de fiers arbres à l'ombre salutaire est une satisfaction que recherche toute personne estampillée « jardinier » ! Mettre une graine en terre et qu'il en sorte un haricot, enterrer une petite branche et la voir s'allonger, cela a quelque chose de magique. Et quelle joie partagée lorsque, d'un coup de bêche bien placé, à partir d'une plante vous en créez une deuxième pour le jardin de votre voisin. Voyons comment réaliser une multiplication de plantes.

Certaines plantes peuvent se multiplier de plusieurs façons. D'autres n'acceptent qu'un seul procédé. Certaines se prêtent facilement au jeu, d'autres sont bien plus délicates. Commençons par la multiplication la plus courante, sinon la plus facile : le semis.

LE SEMIS

LE SEMIS, GÉNÉRALITÉS

Le semis consiste à mettre dans des conditions de germination optimales une graine, afin que celle-ci se développe et donne une nouvelle plante. La multiplication des plantes par le semis est dite « sexuée ». En effet, le fruit est issu d'un croisement entre des parties mâles et des parties femelles contenues dans les fleurs. Pour faire court, le grain de pollen (mâle) va rencontrer le pistil (femelle) et, miracle de la nature, quand tout va bien, il y a fécondation et obtention d'un fruit. Le fruit comporte des graines qui, elles, associent des caractères génétiques du père et de la mère. Comme chez les humains, les enfants sont un croisement entre les deux parents de sexes opposés et possèdent des caractères génétiques de l'un et de l'autre.

Dans le commerce, vous trouvez des graines notées « hybrides F1 ». Les parents, de variétés différentes au sein d'une même espèce, ont été croisés. « F1 » signifie première génération (fécondation 1). Prenons un exemple.

Une pensée rouge à grosse fleur précoce est croisée avec une pensée bleue à petite fleur résistante aux maladies. Pour ce faire, on prend du pollen de la pensée rouge (père) et on le met sur le pistil de la pensée bleue (mère). On obtient quelques semaines plus tard, sur le pied de la pensée bleue, un fruit qui contient des graines. On sème ces graines dites « F1 ». Le résultat donne – bon, si tout va bien… – des pensées violettes à grosse fleur et d'un comportement acceptable envers les maladies. Donc, à partir de deux plantes aux caractères bien différents, on essaie d'obtenir une nouvelle plante qui a les caractères recherchés des deux parents.

Si l'on croise l'année suivante les pensées violettes entre elles, on obtient des graines de seconde génération (dites « F2 »). Et là, c'est du grand n'importe quoi : violet, rouge, bleu, rouge et bleu, petites et grosses fleurs, on trouve de tout ! Les graines de la deuxième génération ne sont pas commercialisables, car elles sont complètement hétérogènes. Il n'est pas inscrit dans la graine ce qu'elle donnera comme plant. Alors, le jardinier amateur de pensées violettes à grosses fleurs est obligé de racheter des graines dites « hybrides F1 » tous les ans !

C'est toute la différence avec des plants sélectionnés. Le départ est le même : on croise une plante A avec une plante B, on obtient des graines (la première génération). Ensuite, la technique change. Si les semenciers commercialisent tout de suite les F1, obligeant l'agriculteur à racheter ses graines tous les ans, le sélectionneur fait autrement. La première génération de F1 est semée, laissée libre de pousser, puis tous les plants ne présentant pas les caractères souhaités sont supprimés. Pour reprendre l'exemple ci-dessus, on ne garde que les pensées violettes à grosses fleurs et résistantes. On croise les plantes entre elles, on récolte les graines de ces plants qui sont ressemées et on supprime les plants non conformes à ce que l'on recherche. La sélection dure entre huit et dix ans ! Mais par ce procédé, on arrive finalement au taux de 100 % de plants comportant les caractères recherchés de la première génération. On dit que les caractères génétiques sont « fixés ». C'est le cas des variétés dites « anciennes ».

Dix ans pour obtenir des graines que l'acheteur peut récolter ensuite et ressemer tous les ans contre un an pour des graines à racheter chaque année. Le jardinier écoresponsable favorisera dans la mesure du possible les variétés anciennes afin que ces dernières ne tombent pas dans l'oubli.

Les variétés sélectionnées dites « fixées » ont des caractères génétiques qui ne changent plus – bien que l'évolution continue tout de même et qu'il y ait des variétés plus stables que d'autres. Pour faire court, les graines obtenues la première année sont semées en année 2, puis 3, et ainsi de suite, et donnent des plantes conformes – presque à 100 % – aux plants initiaux de la première génération. À condition qu'elles soient autopollinisées, parce qu'en cas d'hybridation naturelle avec une autre variété vous obtenez… ce que la nature veut bien vous offrir ! Donc, si vous souhaitez garder les graines de vos plants (fleurs ou légumes), assurez-vous déjà que vous semez des graines qui ne sont pas des hybrides F1. « Hybride F1 » est mentionné sur le paquet, parfois en tout petit.

Bon à savoir

Les hybrides F1 n'ont rien à voir avec **les OGM** (organisme génétiquement modifié). La plante dite « OGM » (ou PGM) a subi un changement non naturel au niveau de ses caractéristiques génétiques de départ. Les plantes OGM sont « fabriquées » pour résister aux désherbants ou créer elles-mêmes un insecticide ! Dans les deux cas, les conséquences peuvent être dramatiques sur la biodiversité, voire sur la santé humaine.

Les variétés fixées se ressèment parfois toutes seules. Il suffit de laisser les plantes donner leurs fruits (sans couper les fleurs fanées). Les graines mûres tomberont au sol, et l'année suivante, vous aurez le plaisir de voir çà et là des nouvelles venues au jardin sans avoir rien fait. Les soucis orange et les salades feuille de chêne à couper colonisent les espaces de mon potager sans que j'intervienne depuis des années. Il est vrai que, puisque je laisse faire la nature, il y a des pollinisations croisées avec d'autres variétés et que le résultat est aléatoire. Ma salade peut présenter des feuilles moins rouges et moins découpées, mais tout de même mangeables ! Le semis spontané, c'est un gain de temps et d'argent. La graine germe quand elle est prête. Et souvent là où elle veut !

Salade dans massif semis spontané

Le jardinier écoresponsable récolte ses graines. C'est un grand avantage. Cela doit faire quatre ans que je sème mes graines de haricots et de tomates prélevés sur les plants de l'année précédente. Il y a parfois quelques haricots bizarres, ne ressemblant plus à la variété d'origine pour cause d'hybridation naturelle, mais peu importe. Et curieusement, j'ai l'impression que les plants issus de mes propres graines récoltées au jardin donnent des plants plus robustes. Tous les caractères d'une plante ne viennent pas des parents, il y a aussi de l'adaptation au milieu environnemental.

A

Anecdote

Lors d'un atelier de jardinage, l'animateur, le regretté Paul Moray, voulait faire comprendre à l'auditoire que les plantes s'adaptaient à leur milieu ou disparaissaient. C'est le sens de l'évolution.

« Tu t'adaptes et tu évolues, tu évolues et tu t'adaptes, ça marche dans les deux sens. C'est l'histoire d'Adam et Ève : Adam a donné "adaptation" et Ève "évolution" ! Pour évoluer en dehors du jardin d'Éden, il a fallu qu'ils s'adaptent !»

C'est juste un moyen mnémotechnique pour se rappeler que les plantes – et tous les êtres vivants – ont la capacité d'évoluer pour s'adapter à leur environnement. Encore faut-il leur laisser le temps.

Courgette

Aubergine

Il est des plantes qui se croisent avec une autre variété. C'est notamment le cas des cucurbitacées (courges, courgettes, melons, concombres, potimarrons, etc.). J'avoue que ce n'est pas très simple de garder la même variété. Il faudrait isoler les plants dont on veut garder les graines afin qu'il n'y ait pas de pollinisation croisée avec une autre espèce. Alors, mon marchand grainetier me voit encore dans sa boutique ! Les haricots sont bien gentils avec le jardinier qui veut garder ses graines. Ce légume s'autoféconde – on dit qu'il est « autogame ». Les graines récoltées donnent des plants identiques au pied mère. Idem pour la tomate, l'aubergine, la laitue, le piment, le poivron et

le pois. Pour les autres légumes, il risque d'y avoir des mélanges. Maintenant, si vous voulez les pensées violettes, semez des hybrides, vous en avez parfaitement le droit. Mais en cherchant bien, il doit exister une variété non hybride qui vous convient.

L'hybride F1 comporte aussi quelques avantages – c'est le grand argument de vente. Il est des variétés obtenues plus résistantes à certaines maladies que d'autres, ou donnant des fleurs plus grosses, plus belles. Mais les sélectionneurs font de même. Les horticulteurs obtenteurs, ceux qui « fabriquent » de nouvelles variétés, s'en donnent à cœur joie. Tous les ans, ce sont plusieurs centaines de nouvelles variétés légumières ou florales qui arrivent sur le marché. Et le critère qui a pris le plus d'importance dans la recherche est celui de la résistance aux maladies.

Dans des régions où le mildiou de la tomate ou de la pomme de terre est un passage obligé à cause d'un climat favorable au développement de ce champignon, il est de bon augure de rechercher la variété la moins sensible, hybride ou non. Car ne croyez pas que seules les variétés hybrides ont le pouvoir de résister aux maladies, insectes et autres ravageurs. Depuis que l'homme cultive, il sélectionne les variétés qui lui conviennent, qui répondent aux exigences de culture du territoire. Et dans un souci de liberté de la semence, dans la recherche de préservation de la biodiversité si malmenée, dans l'optique de faire perdurer des espèces et des variétés qui nous ont été transmises, pour lutter contre la mainmise des semenciers sur la graine, pour qui la sauvegarde de la biodiversité est le cadet des soucis, le jardinier écoresponsable choisit ses graines en conscience.

Enfin, comme votre jardin est aussi un terrain d'expériences, faites vos essais, trouvez les variétés qui conviennent chez vous, recherchez les variétés locales anciennes, échangez avec d'autres amis jardiniers trucs, astuces et graines, florales ou légumières. En résumé, récoltez vos graines, échangez vos semences, achetez des variétés non hybrides adaptées à votre jardin et… amusez-vous.

LE SEMIS, MODE D'EMPLOI

Partons d'un semis facile à réaliser avec un bon taux de réussite, une grosse graine, semée directement en place, dans le jardin (ou dans un pot). La graine est posée là où la plante se développera, sans changement de place.

Au printemps, lorsque les gelées ne sont plus à craindre – entre fin avril et fin mai, dans la plupart des régions –, grattez un peu la terre pour l'assouplir, faites un petit trou de 3 à 4 centimètres de profondeur, déposez la graine et rebouchez. Arrosez et maintenez humide. C'est simple. Si vous n'avez jamais fait de semis, ou si de petits enfants vous aident dans cette opération jardinière, choisissez des graines de capucines, de cobée, de rose trémière, d'ipomée, de belle-de-nuit, de coloquinte, de haricot, de pois, de fève, de maïs, de radis, de tournesol, etc. La graine est grosse, et la levée se fera avec un bon taux de réussite.

Plombage du fond du sillon avec le manche du râteau.

Toujours en pleine terre, directement en place, amusez-vous avec des graines plus fines. Ameublissez la terre et creusez un sillon, soit avec une serfouette, soit avec le bout du plantoir en suivant un cordeau pour faire une ligne droite. La ligne droite est là pour faciliter le travail du sol entre les rangs, parce que la graine, elle, se fiche complètement de la ligne droite.

Le sillon fait 2 à 3 centimètres de profondeur.

Attention, on a tendance à trop enterrer les graines ! Posez les graines dans le sillon. Allez-y doucement, le jardinier en herbe a parfois la main lourde. Dans l'absolu, il faudrait une graine tous les centimètres. Si votre semis est trop dru, trop épais, vous serez obligé de supprimer les plants en surnombre. C'est l'« éclaircissage ».

Vous devenez un expert de la semence ! Vous allez maintenant mettre en terre des graines fines, comme celles de carottes ! J'ai un petit truc que je vous livre volontiers. L'un des paramètres de réussite du semis est ce que l'on appelle le « plombage des graines ». Le lit de semence ainsi que la terre de recouvrement des graines doivent être tassés.

Tout d'abord, préparez votre sol d'un coup de râteau pour éliminer les grosses mottes de terre encore présentes et aplanir le terrain. Puis, déposez le râteau sur le sol, là où vous souhaitez semer. Appuyez légèrement avec le pied sur le manche du râteau qui fera une trace bien droite et peu profonde.

Voilà votre lit de semences : une raie de 1 à 2 centimètres de profondeur avec un fond tassé.

Posez délicatement les graines dans le sillon, une par une si vous avez beaucoup de temps. Il existe des semoirs, petites boîtes avec un bec verseur pour les semis de graines fines, bien pratique. À l'aide d'une pointe (clou, allumette...), écartez les graines qui se touchent. Un fond tassé facilite cette opération. C'est un travail de patience, mais le jardinage est l'école même de la patience.

Mon conseil bio

Mélangez vos graines fines (carotte, persil...) avec des graines de radis, puis semez le tout. Les radis sont arrachés au bout de trois à cinq semaines pour être consommés, laissant la place aux autres plantes pour se développer.

Vous comprendrez très vite qu'il ne faut pas vider tout un paquet de graines de carotte ou de persil sur un seul mètre.

Pour comprendre la différence entre une grosse graine et une graine fine, le tableau ci-dessous indique le nombre de graines au gramme. Vous y trouverez quelques chiffres étonnants.

LÉGUMES	NOMBRE DE GRAINES AU GRAMME
Aubergine	200
Betterave	50
Carotte	900
Concombre	35
Fève	1
Haricot	3
Laitue	900
Melon	30
Navet	500
Oignon	250
Persil	600
Poivron	150
Poireau	300
Pois	4
Radis	120
Tomate	300

FLEURS	NOMBRE DE GRAINES AU GRAMME
Belle-de-jour	80
Belle-de-nuit	10
Begonia semperflorens	50 000 !
Bourrache	50
Capucine	5
Clarkia	100
Cobée	7
Coréopsis	1 000
Cosmos	200
Giroflée	250
Lavatère	40
Maïs	3
Nigelle de Damas	200
Œillet d'Inde	300
Phacélie	500
Pois de senteur	5
Reine-marguerite	200
Rudbeckia	200
Salvia splendens	100
Souci	90
Tabac	4 000
Zinnia	50

Dans l'absolu, toutes les graines peuvent être semées directement en place, en pleine terre : c'est ce que fait la nature. Mais pour des raisons de maîtrise du semis, ou pour gagner du temps par un semis précoce en serre ou à la maison, les plants à repiquer sont semés en terrine (caissette) ; puis, à un stade développé, les nouvelles petites plantes sont mises en terre (repiquées) à leur place définitive.

LE SEMIS EN TERRINE

La terrine est une petite caisse d'environ 5 à 7 centimètres de profondeur. Vous pouvez utiliser des caisses à poisson ou n'importe quel contenant peu profond. L'important est que le fond de la caisse soit percé pour le drainage.

Après avoir lavé et désinfecté au vinaigre blanc la terrine, remplissez-la avec un terreau de semis. Égalisez la surface à la main et tassez légèrement avec une petite planchette. Avant de procéder au semis, notez sur une étiquette le nom de la variété à semer : cela évitera quelques confusions. Déchirez la partie supérieure du paquet de graines et pincez l'un des côtés par le milieu, ce qui vous fera un bec verseur. En tapotant sur le paquet, les graines avancent et tombent. Le but est de couvrir la surface de la façon la plus homogène possible. Vous pouvez compter (approximativement) les graines afin de ne pas en semer trop. Le jardinier est un expert en surproduction !

Semis en terrine, écartement des graines

Puis vient le jeu de patience… Avec la pointe de l'étiquette ou une allumette, écartez les graines. Comptez l'épaisseur d'un doigt entre deux graines. Des graines en surnombre donnent des plants tout fins qui cherchent la lumière.

Arrosage par le dessous

Recouvrez ensuite légèrement le semis avec le terreau en saupoudrant toute la surface. Puis, tassez avec la planchette (plombage du semis). Apposez l'étiquette. Il ne vous reste plus qu'à arroser, avec un pulvérisateur, en fines gouttelettes.

Jeunes plantules

Le repiquage se fera lorsque les plants auront entre deux et quatre vraies feuilles. Attention, les deux premières petites lamelles vertes ne sont pas des feuilles mais les cotylédons, organes de réserve contenus dans la graine. Ils disparaîtront quand la plante se développera.

Le repiquage se fait soit dans des godets, soit en pleine terre. Néanmoins, les plants étant fragiles, je conseille un repiquage en godet. Il suffira d'extraire, toujours avec une allumette, la plante avec un maximum de racines, de ne pas la secouer pour garder la terre et de la mettre tout de suite dans son nouveau contenant.

Le godet de repiquage est rempli auparavant avec un terreau (de repiquage, ou pour plantes horticoles) que l'on tasse légèrement. Avec un crayon, on fait un petit trou au centre et on y insère le plant. On arrose, et hop ! voilà qui est fait.

Le semis en terrine suivi d'un repiquage est plutôt destiné aux graines fines. Les plantes à grosses graines sont semées directement dans un godet, puis mises en terre quand la plante est assez développée.

Le semis permet d'obtenir un grand nombre de plants. Si votre jardin, le massif de fleurs ou le carré potager ne peut accueillir que quelques plantes, il vous sera plus aisé d'acheter directement vos plants en godets dans votre point de vente préféré.

LE SEMIS À LA VOLÉE

Dans le cas d'une surface à engazonner soit avec de la pelouse, soit pour obtenir un carré de fleurs, la préparation du terrain doit être soignée. Un ratissage pour ôter un maximum de racines d'adventices et de pierres est à effectuer.

Une fois le lit de semence – c'est beau comme nom ! – prêt, les graines sont jetées au sol de la façon la plus homogène possible en respectant le poids par mètre carré noté sur l'emballage. Ne semez pas trop dru, les graines trop serrées ne donnent pas de bons résultats. Comptez pour un gazon 50 grammes par mètre carré.

Un ratissage léger recouvre les graines. L'arrosage est immédiat, en pluie fine. Le sol doit être humide en permanence jusqu'à la levée de toutes les graines, c'est-à-dire pendant environ un mois. Durant cette période, les arrosages sont fréquents mais peu abondants. Ensuite, c'est l'inverse : on arrose moins mais plus longtemps afin de mouiller sur une plus grande profondeur.

Il existe un autre procédé pour multiplier des fleurs, notamment les plantes vivaces. À partir d'un pied, on en fait dix, voire plus encore ! C'est la division du pied mère, appelée « division de touffe ».

LA DIVISION DE TOUFFE

Diviser pour multiplier, il n'y a que le jardinier pour faire ça… Une touffe d'asters, de phlox, de *Lychnis*, de coréopsis qui devient importante, parfois envahissante, et c'est le moment de faire des petits.
En automne ou au début du printemps, avec une bêche, déterrez la plante. Toujours avec la bêche bien affûtée – oui, rappelez-vous l'entretien des outils –, tronçonnez la touffe en plusieurs parties. Replantez tout de suite, soit en pleine terre, soit dans des pots pour des cadeaux futurs. N'oubliez pas d'arroser.
Si les plantes sont basses, fines ou fragiles, utilisez un couteau solide pour sectionner la touffe.

Voici quelques plantes vivaces qui peuvent être multipliées par une division de touffe :

- acanthe ;
- achillée ;
- ancolie ;
- anémone ;
- aster ;
- aubriète ;
- campanule des murailles ;
- céraiste ;
- corbeille-d'argent ;
- corbeille-d'or ;
- fétuque bleue ;
- *Frankenia* ;
- fuchsia du Cap ;
- hémérocalle ;
- ibéris ;
- lamier ;
- *Lychnis* ;
- marguerite ;
- muguet ;
- népéta ;
- pervenche ;
- phlox ;
- sagine ;
- saxifrage ;
- sédum ;
- tanaisie ;
- verge d'or.

Autre procédé de multiplication simple à réaliser : le bouturage.

LE BOUTURAGE

Une bouture est une partie de plante, tige, feuille ou racine, séparée totalement de son pied mère qui, mise dans un milieu nutritif, est capable d'émettre de nouvelles racines et tiges. On obtient alors une plante identique au pied mère, avec le même patrimoine génétique. Une photocopie, en quelque sorte.

Les boutures les plus pratiquées par le jardinier sont celles des arbustes à fleurs. Il existe deux périodes : juillet-août pour les boutures feuillées, et novembre-février pour les boutures de bois « sec ».

Les boutures feuillées sont surtout utilisées pour multiplier les arbustes à feuillage persistant. Voici le procédé.
On prélève une tige de l'arbuste à multiplier d'environ 30 centimètres de long. La bouture se fait avec un rameau qui est au stade mi-aoûté. On dit aussi « semi-ligneux ». C'est le stade entre l'herbacé, où la pousse est encore très tendre, comme de l'herbe, et le stade ligneux, quand la branche est devenue dure comme du bois. On supprime donc l'extrémité supérieure trop tendre de la branche, environ 10 centimètres. Les dimensions sont données à titre d'exemple, tout dépend de l'espèce à multiplier et de sa vigueur.

L'extrémité supérieure de la bouture est coupée 2 millimètres au-dessus d'un bourgeon. L'extrémité inférieure est coupée 2 millimètres sous un bourgeon. Puis, on supprime les feuilles, sauf les deux plus hautes. La bouture est prête. Elle est ensuite enfoncée dans un terreau de bouturage ou de semis jusqu'à la base des feuilles. En gros, les trois quarts de la bouture sont enterrés. Au bout d'un certain nombre de semaines, voire de mois, la tige émet de nouvelles racines et une nouvelle plante est née !
Juste avant de mettre la bouture en terre, dans son pot, il est bon de tremper l'extrémité inférieure dans une poudre d'hormone de bouturage afin de faciliter l'émission de nouvelles racines.

Les boutures de bois sec sont encore plus simples à réaliser. « Bois sec » veut dire « bois sans feuille », et non « bois mort ».

Ces boutures se font quand les feuilles sont tombées et avant qu'elles ne reviennent, donc entre décembre et fin février. Sur une branche, on tronçonne des parties d'environ 20 centimètres de long, toujours en coupant la base sous un bourgeon et le haut au-dessus d'un bourgeon. Pour un meilleur enracinement, il est préférable de prendre du bois de l'année.

Boutures de bois sec

Les boutures sont ensuite entreposées dans un mélange de terreau et de sable, à l'extérieur et à l'ombre. Il faut patienter jusqu'à l'automne suivant pour mettre en pot les boutures racinées. Donc pendant un an ou presque, il faudra les surveiller, les arroser, supprimer celles qui sont sèches. Mais quel plaisir ensuite d'avoir de nouveaux plants !

Boutures, semis et divisions de touffe sont des procédés simples et peu coûteux, qui permettent d'obtenir de nouvelles plantes, de participer à des échanges, d'augmenter le nombre d'espèces et de variétés dans son jardin ou celui du voisin, de participer à l'effort collectif de sauvegarder la biodiversité tout en s'amusant.

4

10 conseils

pour se passer d'intrants chimiques de synthèse

- Opter pour des plantes bien adaptées à leur milieu.
- Faire confiance à la nature et accueillir ses bienfaits (faune du jardin, plantes compagnes, rotation des cultures).
- Ajuster vos techniques d'arrosage, de fertilisation, de paillage, de bêchage et de taille.

Ou comment entretenir son jardin sans empoisonner personne

Vous avez choisi les plantes qui orneront votre jardin, vous les avez plantées dans les règles de l'art, elles ne demandent plus qu'à prospérer et donner le meilleur d'elles-mêmes. C'est là que vous allez leur donner le petit coup de « pousse » ! Admirable jeu de mots pour signifier que le jardinier va devoir agir encore un peu. Comment entretenir ce monde de couleurs et de fragrances pour que le jardin soit un univers aux accents de durabilité ?

L'entretien du jardin écoresponsable passe par un certain nombre de principes. Ce n'est nullement une adhésion à une secte « écolo-intégriste », mais tout simplement un panel d'actions à mener pour se simplifier la vie tout en respectant la nature et ses composantes.

Le jardinage n'est pas une science exacte. Il existe plusieurs procédés différents qui peuvent donner de bons résultats. Une taille à deux ou à cinq yeux sur un rosier ne l'empêchera pas de fleurir. Néanmoins, il existe des us et coutumes, des habitudes locales qui sont souvent plus culturelles que culturales.

Nous aborderons ici quelques généralités et cas particuliers qui ont fait leurs preuves. L'idée générale est de respecter au maximum la plante et son environnement, tout en essayant d'en tirer un profit de beauté, de saveur, de plaisir.

C'est ainsi que je conçois le jardinage écoresponsable : mettre en œuvre une série d'activités jardinières, d'opérations culturales afin d'obtenir un jardin de qualité où il fait bon vivre dans le respect des habitants de cet univers merveilleux.

« Pesticide » signifie « tueur de pestes, de ravageurs, d'espèces nuisibles ». On emploie aussi les termes de « produit phytosanitaire » ou de « phytopharmaceutique », c'est plus glamour.

La France est le troisième utilisateur au monde de pesticides, avec comme conséquence une contamination globale de notre environnement et une atteinte insidieuse à notre santé et aux équilibres naturels.
Le jardinier amateur est aussi un utilisateur de produits phytosanitaires avec parfois des doses employées importantes. Même si la liste des produits chimiques utilisables dans les jardins s'est bien réduite, le jardinier a souvent la main lourde. Si les produits phytosanitaires, au lieu d'être présentés en poudre, étaient des petites pastilles solubles en forme de pièce d'un euro, on aurait davantage conscience de la valeur desdits produits, ce qui éviterait le gaspillage aux conséquences néfastes.

Mon conseil bio

Il existe des procédés culturaux à mettre en application tout au long de l'année afin de **limiter l'utilisation de pesticides**, même bio, voire de s'en passer. Cela bouscule nos habitudes, notre logique, mais par ces attitudes, que l'on peut qualifier de gestes écocitoyens, nous arriverons à réduire notre impact sur la pollution de l'air et de l'eau, à préserver notre planète et notre santé.

Les plantes adaptées à leur milieu

Les plantes régionales, sauvages ou plantées, bénéficient de la meilleure adaptation au biotope local. Ce sont les plantes les plus résistantes aux aléas climatiques, adaptées aux sols, accueillant une faune et une flore favorisant leur développement. Certaines de ces plantes peuvent servir de haies ou d'arbres d'ombrage, de plantes couvre-sol sur talus… Qui ne s'est émerveillé devant la floraison immaculée de l'aubépine, devant le jaune printanier du cornouiller mâle ou du bois rouge de son cousin le cornouiller sanguin ? Et que dire des chatons du noisetier et de la couleur automnale jaune d'or de l'érable champêtre. Beaucoup de végétaux dits « sauvages » donnent un côté naturel au jardin par leurs atouts esthétiques.

Dans le cas de plantes non originaires de la région, la plupart se sont adaptées. Heureusement, car sinon nos jardins seraient monotones. En revanche, chaque plante a un biotope spécial :

- Type de sol : acide pour les plantes dites « de terre de bruyère », comme les azalées, mais aussi calcaire, sableux, marécageux, etc.
- Exposition : vous avez le choix entre soleil, ombre ou mi-ombre.
- Résistance au froid : température la plus basse que peuvent supporter les plantes sans dommage, avec toutefois des nuances. La durée du froid et l'époque de l'année ont une grande incidence. Il vaut mieux un – 5 °C en janvier durant une semaine, qu'un – 3 °C une nuit de début mai…
- Plantes de terrain sec : comprendre qu'il faut tout de même de l'eau pour ces plantes, mais qu'elles supportent des périodes de sec et ne tolèrent pas d'avoir les pieds dans l'eau, surtout l'hiver.

Renseignez-vous bien sur ses besoins avant d'inviter dans votre jardin une petite merveille. À vous de juger de la faisabilité, suivant vos moyens, votre temps, votre passion.

Pour résumer

Autochtone ou non, chaque plante doit être adaptée à votre jardin. Une plante saine dans un milieu adapté est un gage d'entretien facilité !

LA PELOUSE *VS* LE GAZON

Bon à savoir

La pelouse est un terrain couvert d'une herbe serrée, sans spécification de la hauteur. **Le gazon** est une herbe courte, dense et fine. La pelouse peut contenir des graminées et d'autres familles de plantes, notamment des plantes vivaces fleuries, comme les pissenlits ou les pâquerettes. Le gazon ne tolère aucun intrus ! Exit les plantes que l'on n'a pas semées. Seules subsistent les herbes fines, belles, vertes, et répondant aux critères recherchés.

Gazon très fin ou résistant au piétinement, à l'arrachement, à la sécheresse, au sel (bord de mer), à croissance lente : suivant vos critères d'utilisation, choisissez un mélange de graines adapté. Mais après l'implantation du gazon, reste l'entretien ! Il ne suffit pas de tondre le gazon, il faut aérer le sol, fertiliser toute la surface, maîtriser l'arrosage, veiller aux différents parasites qui pourraient élire domicile sur votre surface verte, ôter les intrus. Demandez au personnel d'un terrain de golf ce que représente en temps l'entretien d'un gazon – et accessoirement son coût.

Prairie tondue

Si la lourdeur de la tâche vous détourne d'opter pour un gazon sur toute la surface non « cultivée », il y a une alternative. Réduisez la surface de gazon et optez pour une pelouse où les plantes sauvages (locales et adaptées à votre environnement) pourront s'épanouir. D'ailleurs, les plantes modifiant le sol, vous vous apercevrez que, d'année en année, votre pelouse n'est plus composée des mêmes espèces ; certaines auront totalement disparu, d'autres auront colonisé l'espace, laissant quelque place à de petites nouvelles.

Vous allez donc choisir un mélange de graines qui réponde à une ou plusieurs utilisations suivant les endroits : un gazon très soigné et fin à l'entrée ou près de la terrasse, une herbe plus grossière et résistante là où les enfants jouent au ballon, et une bande enherbée avec fleurs annuelles ou vivaces pour offrir pollen et nectar aux insectes en été. On trouve en jardinerie des mélanges fleuris à semer. Ils sont composés de graminées et de fleurs. Il y a les mélanges par ton de couleurs, des graines pour bordures ou fleurs à couper, ou des assemblages de graines pour plantes mellifères.

Cela est évidemment un exemple. Rien ne vous empêche d'avoir plusieurs types de couverts enherbés.

Mon conseil bio

Achillée, lin, coquelicot, centaurée, marguerite, pavot de Californie, *Zinnia*, reine-marguerite, cosmos, choisissez les fleurs qui vous conviennent et faites-vous plaisir. Et si vous **ramassez les graines de plantes locales,** collectées dans la nature autour de chez vous, c'est beaucoup mieux, car les graines des mélanges floraux sont souvent des plantes horticoles, sélectionnées voire hybridées. Semons local pour un environnement durable !

Mon conseil bio

Quels que soient les mélanges utilisés, il existe un principe d'entretien de plus en plus pratiqué dans les jardins de ville : **la gestion différenciée.** Cela consiste à ne pas planter ni entretenir toutes les surfaces de la même façon : arbres taillés ou non, espaces plantés, fleuris ou engazonnés, gazon ras devant la mairie, herbe plus haute dans les ronds-points, bandes enherbées et fleuries à l'entrée de la ville le long de la route, etc. La gestion différenciée peut très bien s'envisager au jardin. On peut faucher une partie des surfaces enherbées trois fois par an et ne tondre fréquemment que les allées, par exemple. Les habitants des prairies vous remercieront.

Gestion différenciée : les touffes roses de sainfoin ne sont pas fauchées

La faune au jardin

La biodiversité est la diversité de la vie, c'est-à-dire l'ensemble des êtres vivants et des interactions entre toutes les espèces dans leur environnement, dans leur milieu. Comment faire pour avoir une bonne biodiversité dans son jardin ? Variez les espèces végétales ! Plantez de tout et en laissez la flore sauvage prendre place – vous avez tout de même besoin de limiter son envahissement s'il y a lieu : la planche de fraisier recouverte par le liseron, ce n'est pas bon pour les fraises... Mais supprimer toute herbe sauvage n'est pas dans le manuel du parfait petit jardinier écoresponsable. Nous verrons plus bas comment maîtriser les plantes envahissantes.

Plus il y a d'espèces végétales, plus le nombre d'espèces animales est grand. Et de façon mathématique, il y a dans ce cas moins de risque qu'une population prenne le pas sur une autre. Les populations s'autorégulent.

Il existe des aides du jardinier, ces fameux prédateurs d'indésirables, ceux que l'on nomme les « auxiliaires ». Les auxiliaires se nourrissent des parasites des plantes. Ils sont indispensables au jardin pour réduire les populations phytophages (mangeurs de plantes ou parties de plantes). Voyons qui ils sont.

Sansonnets faisant un festin de cigales

LES OISEAUX

Grands consommateurs d'insectes, d'araignées, de mollusques ou de rongeurs, les oiseaux sont les bienvenus ! Pour les accueillir et les garder, nichoirs et abris naturels comme les haies sont nécessaires, ainsi que les mangeoires et les récipients remplis d'eau pour les moments difficiles, en hiver comme en été. Les arbustes à fruits (baies) sont très appréciés l'hiver.

Mon conseil bio

Le diamètre de l'entrée du nichoir détermine les espèces d'oiseaux pouvant y séjourner : 25 millimètres pour les mésanges bleues, nonnettes ou noires, 28 millimètres pour les mésanges charbonnières ou le gobe-mouches noir, 32 millimètres pour la sittelle torche-pot. Quant à la cigogne, elle se passera de nichoir !

LES MAMMIFÈRES

La chauve-souris mange les papillons de nuit, comme la teigne du poireau (dont la larve creuse dans le fût du légume), les noctuelles (qui déciment les nouvelles plantations de salades) et bien d'autres papillons de nuit dont les chenilles sont de grandes voraces ! Mais leur habitat est mis à mal par nos constructions modernes. Installez-leur des nichoirs.

Le hérisson s'accommode des vers, des mollusques, des chenilles. Un tas de feuilles ou de paille lui sert d'abri l'hiver.

Escargots, petits mais voraces

La taupe se nourrit de courtilières, de limaces, de vers gris et de larves. Oubliez les pièges à taupes et les appâts empoisonnés !
La musaraigne apprécie les vers, les insectes et les mollusques.

LES REPTILES

La salamandre, chère à François Ier pour ses aptitudes à vivre dans l'air ou l'eau et, dit-on, à résister aux flammes, recherche les limaces. Elle adore le coin du bassin.

L'orvet, que l'on prend à tort pour un serpent, aime les insectes, les chenilles et les limaces, comme le lézard. Un tas de pierres lui apporte abri et chaleur.
Quant à la couleuvre, elle s'occupe des rongeurs !

Chenille en recherche de nourriture

LES BATRACIENS

La grenouille et le crapaud adorent les insectes et leurs larves, les araignées, les limaces, les vers et les mollusques. Pour eux aussi, le bassin est un refuge.

Rainette sur feuille de bananier

LES INSECTES

La coccinelle (suivant les espèces) raffole des pucerons, des cochenilles, des acariens et des aleurodes.
Les larves de syrphe et de chrysope mangent les pucerons et les acariens.
Le perce-oreille préfère les limaces, les larves, les vers, de nombreux insectes et les araignées.
Le carabe côtelé se délecte des doryphores.
La guêpe, comme le frelon, aime les insectes et les chenilles.
Le staphylin vit caché dans la litière ou le paillage, et se régale de larves d'insectes.

Le lampyre, mieux connu sous le nom de « ver luisant », est un prédateur des limaces et des escargots.

Larve de Lampyre, ver luisant

Le carabe, le célèbre scarabée doré, détruit limaces, escargots et chenilles.
Quant à l'ichneumon, il pond dans le corps de la cochenille ou du puceron. Sa larve s'y développe en mangeant son hôte de l'intérieur. Brrr !
Paille, feuilles mortes, tas de pierres, murs creux, arbres morts sont les abris naturels des insectes afin de passer la saison froide du mieux possible !

Mon conseil bio

Il est parfois difficile de **s'y reconnaître chez les auxiliaires.** Certains acariens, comme les araignées rouges, sont phytophages (mangeurs de végétaux), alors que d'autres acariens sont des prédateurs d'acariens. Il en est de même avec les punaises : certaines grignotent les plantes et d'autres font le ménage dans la population précédente. Dans le doute, laissez les petites bébêtes s'arranger entre elles.

La fertilité du sol

Nous l'avons vu dans les premiers chapitres, la fertilité du sol dépend de sa structure, c'est-à-dire de la façon dont ses composants sont assemblés. Il ne suffit pas d'ajouter des engrais pour le rendre fertile. Rappelez-vous que les habitants du sol (insectes, vers, micro-organismes) ont besoin de nourriture, d'eau et d'air ! Si ces trois conditions sont optimales, ils pourront se multiplier, triturer la terre – les vers de terre sont champions du monde toutes catégories –, faire des galeries, aérer le sol, le drainer et l'enrichir en transformant la matière organique en éléments fertilisants pour les plantes.

Bon à savoir

Il y a entre **1 et 3 millions de vers de terre** à l'hectare. Ce qui représente 10 000 à 30 000 vers de terre sur une parcelle de 100 mètres carrés, soit 100 000 pour 300 mètres carrés ! Si la spéléologie vous tente, il y a 900 mètres de galeries dans 1 mètre carré de prairie…

LES ENGRAIS

ENGRAIS CHIMIQUES *VS* ORGANIQUES/MINÉRAUX

Les engrais chimiques sont bannis du jardinage bio. Ils sont issus de l'industrie chimique. Nous ne parlerons donc ici que des fertilisants naturels *et* bio ! Parce que « naturel » ne veut pas dire forcément « bio ». Dans la liste des composants ci-dessous, le fumier, le soja, le poisson peuvent venir de l'industrie et ne pas répondre au cahier des charges de l'agriculture biologique. Il faut vraiment que figure sur l'emballage de l'engrais la mention « utilisable en agriculture biologique ».

Les engrais organiques sont issus de ce qui vient du vivant : corne broyée ou torréfiée, sang desséché, plumes, os, arêtes de poisson, fumiers compostés, algues, vinasse de betteraves, tourteaux de ricin ou de soja, purins de plantes, etc.

Les engrais minéraux viennent essentiellement des roches du sol. Ce sont les phosphates naturels, les poudres de roches volcaniques, granitiques et basaltiques, le patenkali, la kiesérite, la dolomie, etc.

Chaque fertilisant contient un certain pourcentage d'éléments nutritifs. Les trois principaux appelés « éléments majeurs » sont l'azote, le phosphore et la potasse, dont les symboles chimiques sont N, P et K. Parfois sont ajoutés à ce trio des éléments secondaires ou des oligo-éléments, comme le fer, le zinc, le magnésium, le soufre, le cuivre, etc.

BIEN CHOISIR SON ENGRAIS

Pour s'y retrouver dans tous ces engrais et choisir le bon, c'est aussi difficile que d'entrer dans une parapharmacie et de s'interroger devant les compléments alimentaires : « Qu'est-ce que je vais prendre ? »

Les engrais naturels bio sont un savant mélange de produits dont le résultat est une poudre (ou des granules), parfois un liquide, à utiliser sur un type de plantes, à un dosage précis, à une époque déterminée, pour un résultat envisagé. L'engrais pour tomates est étudié pour faire pousser des tomates et optimiser la récolte de tomates. L'engrais pour fleurs est destiné à augmenter la floraison de vos fleurs. Encore une fois, d'une façon pragmatique, faites confiance aux étiquettes des paquets d'engrais et suivez les instructions notées sur l'emballage.

L'AÉRATION DU SOL

Ce dont il faut se souvenir, c'est qu'un engrais entretient la fertilité du sol mais n'agit pas sur sa structure. Pour améliorer l'aération d'un sol, sa capacité à retenir l'eau et les éléments nutritifs, le rendre drainant en cas de fortes pluies, il faut nourrir les habitants du sol par des apports de matières organiques, notamment le compost et tout ce qui peut couvrir un sol (la paille, les copeaux de bois – BRF pour « bois raméal fragmenté » –, les herbes sèches).

Mon conseil bio

L'important est que la terre ne soit jamais nue et qu'on lui rende ce qu'on lui a enlevé. Les exportations dues aux récoltes doivent être compensées par des apports de fertilisants. Organiques, naturels et bio, comme il se doit.

Les vers de terre sont les travailleurs de l'ombre. Ils font un travail sans pareil. Ils vont chercher leur nourriture, la matière organique, en surface et la remportent en profondeur en creusant des galeries. Leurs déjections incessantes sont une fertilisation extraordinaire. Les vers aèrent le sol, drainent, fertilisent. Ils fabriquent un sol adapté aux plantes. Ils en modifient la structure en participant activement à la rendre grumeleuse, c'est-à-dire formée de petits grumeaux. Ce qui est gênant dans une pâte à crêpes est recherché dans le sol ! L'argile et l'humus peuvent se coller entre eux grâce au calcium. Et où trouve-t-on du calcium ? Dans l'intestin du ver de terre. Le ver ingère des débris végétaux et de la terre. Tout cela est trituré, malaxé, dégradé et rejeté. Les déjections des vers de terre sont riches et l'humus est lié à l'argile. Cette association, cette liaison de l'argile et de l'humus s'appelle le « complexe argilo-humique ». Il n'est pas uniquement dû à l'action des vers de terre, mais ces derniers y participent activement.

Les vers de terre sont de précieux auxiliaires au jardin. Ce sont leurs allées et venues qui retournent le sol – sous-entendu à votre place ! Il faut donc les protéger et les nourrir. Paillage et matière organique sont indispensables.

Il est bon aussi de ne pas les tuer ! Le jardinier écoresponsable n'employant pas de produits chimiques, comment peut-il nuire aux vers de terre ? Simplement par l'utilisation du motoculteur. Les fraises de la machine peuvent détruire jusqu'à 70 % des vers de terre présents. Si vous travaillez le sol avec un engin à moteur, équipez-le d'une herse qui griffe la surface.

LES CULTURES INTERMÉDIAIRES (OU ENGRAIS VERTS)

Autres fertilisants utilisés dans le jardinage au naturel : les engrais verts. Ce sont des cultures dites « intermédiaires » que le jardinier met en place pour occuper utilement le terrain. Nous l'avons vu, la terre a horreur d'être nue. Les engrais verts vont puiser dans le sol les éléments nutritifs restants, ou ceux qui ont migré en profondeur, et les stocker. L'engrais vert est fauché avant sa montée à graines et laissé sur place afin que, par le processus de compostage, ces nutriments reviennent au sol pour la culture suivante. De plus, le système racinaire des engrais verts est puissant. Le sol est fouillé en profondeur par les racines, il est travaillé, aéré et drainé. En mourant, les racines apportent aussi leur lot de fertilisants et laissent à leur place des cavités, les galeries drainées et aérées.

Mon conseil bio

En plus de sa capacité à travailler le sol par ses racines et y puiser des éléments nutritifs qu'il restituera après le fauchage, **l'engrais vert couvre le sol de ses parties aériennes**. Il participe à la non-levée des graines d'herbes indésirables et protège le sol.

Fleur du trèfle incarnat

Voici les engrais verts les plus courants et leurs mois de semis :

Seigle	Août et septembre
Moutarde	Mars à mai et août, septembre
Colza d'hiver	Août à octobre
Trèfle	Mars à mai
Sarrasin	Avril à septembre
Luzerne	Mars, avril et août
Féverole	Mars à mai
Phacélie	Mai à août
Lupin	Mars à mai et octobre, novembre
Sorgho	Mai, juin
Vesce de printemps	Avril et mai
Sainfoin	Février, mars

Mon conseil bio

Que ce soit pour des engrais verts ou un reste de culture, haricot ou pétunia, **n'arrachez pas les plantes en fin de culture.** Coupez les parties visibles et laissez les racines en terre (sauf pour les plantes vivaces qui repartiraient de plus belle). Ces racines apporteront de la nourriture aux habitants du sol et laisseront des galeries drainantes.

Vous avez semé l'engrais vert, il pousse, tout va bien. Mais toutes les bonnes choses ont une fin, il va falloir faucher la belle végétation ! Un mois avant la mise en place d'une nouvelle culture, l'engrais vert est coupé. Laissez tout sécher sur place. Au moment de la mise en culture suivante, semis ou plantation, écartez ce qui reste de l'engrais vert. Là, trois possibilités s'offrent à vous : soit vous enlevez tout et le mettez au compost, soit vous l'enfouissez très légèrement dans les premiers centimètres du sol par bêchage, soit vous vous en servez comme paillage. Personnellement, j'opte pour la troisième solution.

L'engrais vert, qui a perdu sa couleur puisqu'il est tout sec, agit donc comme un paillage. Mais quels sont donc les avantages du paillage dont on ne dit que du bien ?

Le paillage

Faire un paillage consiste à couvrir le sol avec… de la paille, bien sûr, ou d'autres produits végétaux ou minéraux.

LES AVANTAGES DU PAILLAGE

Couvrir la terre, c'est la protéger, notamment des agressions dues au climat. Le paillage protège des intempéries (tassement excessif par la pluie, érosion éolienne, grand froid, chaleur excessive, violent écart de températures, stress hydrique, etc.). Le paillage constitue une litière, une couverture, qui protège la faune et la flore.

Nombreux sont les insectes terricoles et autres animaux qui vivent sur le sol ou dans les premiers centimètres du sol. Pour vivre heureux, vivons cachés ! Les auxiliaires, comme les carabes, les staphylins, les orvets, adoptent ce précepte. De plus, ils sont protégés du froid hivernal et de la sécheresse estivale.

Le paillage freine considérablement la levée de graines d'adventices (les plantes indésirables), ce qui évite les désherbages manuels fréquents dans le jardin.

Dans le potager, les légumes restent propres. En évitant le contact direct avec la terre, les courgettes, fraises et autres concombres ne pourrissent pas.

Le jardinier utilise aussi les déchets du jardin. Épluchures de légumes, tontes de gazon sèches, feuilles, une fois étendues au sol, font de ces déchets à la fois un paillage et une fertilisation. Les paillages végétaux apporteront de l'humus au jardin. Ce sont les champignons les maîtres d'œuvre, aidés de leurs copines les bactéries. Ils vous dévorent la lignine et la cellulose mieux que quiconque, pour peu qu'ils aient de l'eau et de l'air !

CHOISIR SON PAILLAGE

Quel est le meilleur paillage ? Celui que vous avez sous la main et qui vous coûte le moins cher. Tous les produits ont leurs avantages (nombreux) et leurs inconvénients (rares).

- **La paille de céréale :** bon marché, elle se décompose lentement. Il y a présence de graines qui germent facilement. J'ai ensemencé involontairement mes massifs avec du blé et l'ai laissé pousser : c'était joli, insolite et, à maturité, les poules ont apprécié ! L'inconvénient de la paille est le risque de faim d'azote (voir l'encadré p. 113).
- **Les paillettes de lin :** jolies, mais un peu chères.
- **La cosse de sarrasin :** belle couleur brun rougeâtre, un peu onéreuse encore. Elle se décompose assez rapidement. En revanche, j'ai trouvé qu'elle devenait vite imperméable. Il fallait sans cesse la ratisser pour la décompacter.
- **Les fèves de cacao :** originales, mais leur odeur peut gêner. Moi, je déteste leur odeur !
- **Les feuilles mortes :** faciles à trouver en grande quantité.
- **Les tontes de gazon :** la seule précaution est d'en mettre par petites couches d'environ 1 à 2 centimètres d'épaisseur. L'herbe coupée sèche vite et les vers de terre adorent !
- **Les plantes sauvages :** efficaces si elles ne sont pas montées à graines (orties, fougères, consoude, etc.).
- **Les noyaux de pêches ou d'abricots concassés :** idéaux pour les massifs d'arbustes, les haies, là où l'on n'a pas besoin de travailler le sol. Très résistants au compostage !
- **BRF :** sigle pour « bois raméal fragmenté », autrement dit copeaux de bois issus de rameaux de feuillus, en principe de l'année, et inférieurs à 7 centimètres de diamètre. Attention à l'appellation erronée trouvée sur un emballage : « BRF pour bois de résidus forestiers » – comprenez copeaux de résineux, ce qui est bien différent.

- **Copeaux de résineux (écorces de pins) :** contiennent des terpènes, substances antigerminatives. Je les évite pour le potager, même si ces substances sont volatiles. Très bien pour des allées ou pour pailler des plantes de terre de bruyère, des haies de conifères, etc. Ils auraient tendance aussi à acidifier le sol, ce qui n'est pas un problème pour un sol calcaire. Mais il semblerait que la baisse du pH soit assez faible et non permanente.
- **Aiguilles de pin :** efficaces mais pas sur les semis à cause des terpènes antigerminatifs. En revanche, c'est idéal pour freiner l'avancée des limaces ! À utiliser dans les planches de salades, de fraises…

Dans les paillages minéraux, on trouve les graviers de couleur, la pouzzolane, la bille d'argile. Si le côté décoratif est indéniable, ces paillis n'ont aucune incidence sur la fertilisation du sol.

Pour une déco de jardin originale, amusez-vous à mélanger les paillages : un massif jaune paille, une bordure plus brune avec les coques de sarrasin par exemple. La couleur du paillis est le fond de la toile, il fera ressortir les couleurs du feuillage et des fleurs. Et pourquoi ne pas faire un damier dans les allées avec de la pouzzolane rouge et du gravier blanc ? Amusez-vous !

Mon conseil bio

Pour pailler le pied d'un arbre, récupérez un grand carton d'emballage que vous découpez pour en faire un grand cercle. Tracez au milieu un petit cercle que vous découperez. Faites une fente du centre jusqu'au bord extérieur. Vous faites peindre aux enfants le carton. Puis vous installez votre carton au pied de l'arbre, le cercle évidé du centre étant l'emplacement du tronc. Votre arbre aura sa décoration, et le carton est un merveilleux paillage !

COMMENT METTRE EN PLACE UN PAILLAGE VÉGÉTAL

Après avoir débarrassé la terre des plantes indésirables et des racines des vivaces (chiendent, liseron…), nivelez le sol avec une griffe. Arrosez si la terre est sèche. Faites un apport de compost pour éviter ce que l'on appelle une « faim d'azote ». Étalez le paillage sur 5 à 10 centimètres d'épaisseur.

L'une des fonctions – et non des moindres – du paillage est de freiner l'évaporation. Si un binage vaut deux arrosages, un paillage doit bien en valoir une demi-douzaine ! Cela dit, la plante a besoin d'eau et la pluie manque parfois cruellement. Le jardinier doit donc agir en conséquence.

Bon à savoir

Une faim d'azote arrive lorsqu'on apporte au sol une quantité importante de matière organique pauvre en azote. C'est le cas de la paille, qui contient énormément de carbone et très peu d'azote. Les micro-organismes vont, pour se multiplier, puiser l'azote du sol au détriment des plantes cultivées. L'azote sera à nouveau disponible dans les semaines qui suivent l'épandage. Mais en attendant, si l'azote manque dans le sol, les plantes souffrent et ralentissent leur croissance. Le compost mûr annule cet inconvénient. Un épandage de corne torréfiée avant le paillage annule aussi la faim d'azote.

L'arrosage

La question que l'on me pose le plus souvent est la suivante : « Ma plante, comment je l'arrose ? » Ma réponse : « Je n'en sais rien ! » Je suis très sérieux. Explications.

QUAND FAUT-IL ARROSER ?

Un arrosage, c'est une opération facile et extrêmement délicate. Rien de plus simple que d'ouvrir un robinet. Mais la difficulté est de savoir quand le refermer ! En d'autres termes, quelle quantité d'eau faut-il apporter et à quelle fréquence ?

Tout dépend de l'espèce végétale, de l'âge de la plante, de son exposition, du sol où elle se trouve, de la saison, du temps qu'il fait, qu'il a fait ou qu'il fera (chaleur, vent, pluie), du temps écoulé depuis qu'elle est plantée, de son état de santé et…de l'âge du capitaine jardinier ! Bref, il faudrait s'installer chez vous et avoir votre plante sous les yeux. Voilà où je voulais en venir, l'observation ! C'est au jardinier d'adapter l'arrosage suivant ce qu'il observe. Une plante qui a soif le dit. Les feuilles jaunissent, s'enroulent, sèchent, penchent vers le bas ou tombent ? C'est très souvent un problème d'eau, un manque ou un trop-plein d'eau !

Pour vous aider à régler cette question aquatique, voici des consignes qui devront être adaptées à chaque situation :

- Une plante a besoin d'eau, vous vous en doutiez : lors de sa période de pousse au printemps, quand elle est en fleur, lors d'une grande transpiration, juste après la plantation, car son système racinaire n'est pas encore très développé. Bref, tout le temps, avec des pics de temps en temps !
- Elle peut souffrir d'un manque d'eau lorsque les températures sont élevées, mais certaines ont besoin d'être au sec en été, comme les plantes méditerranéennes (telles que le thym, le romarin, la lavande, la santoline, etc.)
- Une plante peut avoir besoin d'eau durant les hivers très secs, c'est le cas notamment des nouvelles plantations de l'automne,

arbustes, arbres, bulbes, etc. Mais attention, la conjugaison du froid et de l'humidité peut être très préjudiciable.

- Un arrosage trop fréquent n'incite pas les racines à aller profondément dans le sol. La plante reste très sensible à la sécheresse. De plus, un trop-plein d'eau asphyxie le sol et occasionne une forte mortalité chez les micro-organismes, voire chez les plantes. Néanmoins, la mortalité est aussi très forte en cas de sécheresse…

COMMENT ARROSER ?

La règle à observer est la suivante : apporter à la plante la quantité d'eau adaptée à son développement, au moment où elle en a besoin. Autre idée à retenir : il est plus facile de corriger un manque d'eau qu'un trop-plein d'eau.

Mon conseil bio

Le meilleur arrosage est celui que l'on n'a pas besoin de faire ! Le paillage, nous l'avons vu, est une solution pour moins arroser. La terre ne devrait jamais être nue.

L'ajout de compost augmente la retenue d'eau dans le sol.

Les plantations d'automne sont préférables à celles faites au printemps, l'enracinement est plus important quand arrive l'été.

Les plantations de végétaux fleuris ont un grand besoin d'eau. Que ce soient des plantes à massif ou des arbustes, il est préférable de les planter avant l'apparition des fleurs.

Dans la pratique jardinière, il faut que l'arrosage soit « doux » pour ne pas tasser la terre. Une cuvette au pied des arbres et arbustes, un tuyau goutte-à-goutte ou microporeux permettent d'apporter l'eau sans provoquer de croûte superficielle.

Les systèmes d'arrosage par aspersion n'ont pas ma préférence. La perte d'eau par évaporation est très importante. La littérature donne une perte entre 10 et 20 %, taux pouvant atteindre 40 % dans certains cas.

Mon conseil bio

Lorsqu'on arrose **avec un tuyau muni d'une pomme ou d'une lance**, pour avoir une idée de la quantité apportée, faites le contrôle suivant : une heure après avoir arrosé vos plantes, creusez un trou et regardez sur quelle profondeur la terre est mouillée. On est parfois surpris ! La terre est humide sur seulement quelques centimètres ? Il faudra donc y revenir rapidement.

On croit souvent – à tort – que, comme la surface du sol est trempée, l'arrosage est suffisant. La faute revient en partie aux raccords rapides des systèmes d'arrosage utilisés par toutes les jardinières et tous les jardiniers. Ces raccords, très pratiques, ont une petite section qui augmente la pression et freine le débit. On croit avoir bien mouillé mais, en fait, seul le dessus du sol a bénéficié de l'arrosage. Soyez vigilant et faites le test du trou après arrosage, juste pour vous rendre compte de la quantité d'eau apportée. Vous corrigerez vos apports si besoin.

Une autre façon de comprendre l'arrosage se trouve dans le calcul suivant. Une bonne pluie, c'est au minimum 20 millimètres, c'est-à-dire 20 litres au mètre carré, ce qui correspond à environ deux arrosoirs ! Chronométrez le temps qu'il faut pour remplir un arrosoir de 10 litres avec votre tuyau muni de sa lance. Trente secondes ? C'est le temps qu'il vous faudra pour apporter 10 millimètres d'eau sur 1 mètre carré avec votre tuyau, 1 minute pour arroser 1 mètre carré si vous voulez faire comme une « bonne pluie ». Évidemment, il vous faudra faire plusieurs passages afin que l'eau ait le temps de s'infiltrer et ne ruisselle en surface. Oui, l'arrosage est chronophage, mais pas forcément journalier !

Bon

à savoir

1 millimètre d'eau de pluie
(ou d'arrosage)
=
1 litre/mètre carré

À QUEL MOMENT DE LA JOURNÉE ARROSER ?

Il est préférable d'arroser soit le matin de bonne heure, soit le soir tard. En pleine journée estivale, l'eau froide sur un feuillage bien chaud provoque un stress pour la plante. La plupart des plantes sont arrosées au pied. Si l'eau vient d'un récupérateur d'eau de pluie, cette dernière a l'avantage d'être à température ambiante.

Alors, soir ou matin ? L'arrosage de l'aube ou du crépuscule ? J'ai choisi l'aube. Parce que je me lève tôt et que, le soir, les moustiques et autres moucherons m'agacent profondément. Mon voisin arrose le soir, parce que ça le détend après une journée de boulot. Mais qu'en est-il des plantes ? L'arrosage du matin me permet de bassiner le feuillage, même si ce n'est pas conseillé pour certaines plantes comme les tomates. Je les asperge, je les trempe, je les lave ! Cela fait fuir les araignées rouges et que je suis dans une région ventée et chaude. Cependant, un arrosage ou bassinage le soir augmente l'hygrométrie toute la nuit, ce qui est favorable au développement des maladies. Le matin, le feuillage sèche vite. Rien de cela n'est scientifiquement prouvé, c'est juste le fruit de mon observation… En tout cas, les plantes chauffées par le soleil n'aiment pas les douches froides. Donc, l'arrosage se fait avant ou après les fortes chaleurs.

Mon conseil bio

Plus qu'un facteur économique, **ne pas gaspiller l'eau** répond à une réalité écologique et environnementale. Apprenons à la récolter et à la stocker. Les récupérateurs d'eau reliés aux gouttières sont d'un grand secours.

En conclusion, l'arrosage est affaire d'observation. Il doit être doux pour ne pas tasser la terre ni former de croûte superficielle. Il doit être important, mais sans excès.

Malgré tous les soins qu'apporte le jardinier à son paradis végétal, il est une sournoise qui guette l'endroit favorable pour s'épanouir : la mauvaise herbe. Appelée « adventice » ou « plante indésirable », l'herbe qui ne pousse pas là où l'on veut peut vite devenir un problème. Voyons comment intervenir pour éviter la prolifération de cette intruse.

La gestion des adventices

« Adventice », petit nom charmant pour désigner les mauvaises herbes, les plantes qui ne poussent pas au bon endroit. Mais par convention, d'un point de vue écologique et comme vous êtes un amoureux de la nature et que les herbes sont susceptibles, vous parlerez de « plantes adventices » !

Trèfle dans la pelouse, liseron dans les fraisiers, petites graminées entre les dalles, chiendent au pied des arbres : que de verdure disgracieuse, étouffante, concurrente !

Haricot envahi par des herbes indésirables

Bon à savoir

Pourquoi certaines plantes sont indésirables, pourquoi sont-elles des « mauvaises » herbes ?

- Il y a concurrence entre les plantes cultivées et les adventices (« adventice » : qui s'ajoute, qui survient du dehors, de l'étranger, qui pousse là où on ne lui a pas demandé !) pour la lumière, l'espace, les éléments nutritifs, l'eau.
- Les adventices peuvent être allergisantes, toxiques.
- Elles peuvent être des réservoirs de pathogènes, insectes ou maladies.
- Elles peuvent être envahissantes et nuire à la biodiversité locale.
- Elles peuvent parasiter d'autres plantes.

Il est évident qu'il est absolument interdit d'utiliser le moindre désherbant chimique dans un jardin au naturel bio. On trouve des résidus des désherbants (et autres pesticides) essentiellement dans les cours d'eau et les nappes phréatiques, même si la pollution des rivières tend à s'amoindrir depuis quelques années.

COMMENT ÉVITER LA VENUE DES PLANTES INDÉSIRABLES

Plusieurs actions peuvent être menées en prévention.

Le balayage des dalles : particules de terre, petites graines et jeunes plantules ne résistent pas aux poils durs du balai de cantonnier.

Le paillage des massifs freine la germination des graines.

Les plantes couvre-sol protègent la venue d'autres végétaux spontanés. Paillage et couvre-sol jouent sur le même tableau, l'occupation du sol. La nature ayant horreur du vide, autant couvrir la terre en permanence. Dans le cas des allées, il faut parfois **repenser la conception**. Une allée de terre battue ou gravillonnée mais de faible épaisseur minérale accueille volontiers les herbes folles. Autant la refaire en décaissant sur 15 centimètres, en mettant en place une bâche perméable ou un feutre au fond, et en remplissant le trou de gravier, d'écorce de pin ou de noyaux d'abricots concassés. Vous n'aurez plus d'herbe durant des années !

Autre opération prophylactique avant toute plantation : le jardinier prévoyant aura à cœur de **supprimer toutes les racines de plantes vivaces.**

Dans le potager, il est préférable de **semer et repiquer en ligne** afin de pouvoir facilement passer un outil, style raclette ou binette, entre les rangs.

Pour le travail du sol, le jardinier utilise une **biogriffe** (ou grelinette), une fourche bêche ou une griffe, le but étant de décompacter le sol sans le retourner. Pourquoi ? Parce que les graines qui sont en profondeur vont se trouver en surface, lieu idéal pour une germination totale !

Il y a un outil à éviter, c'est **le motoculteur** avec fraises rotatives. Si le travail du sol paraît plus simple et plus rapide, le résultat n'est pas au rendez-vous. La terre est souvent trop fine, les racines des adventices sont coupées en petits morceaux et repartent de plus belle. Par ailleurs, il existe une « semelle de labour », une couche du sol se trouvant sous la partie foisonnée par les couteaux des fraises, qui est tassée, voire imperméable dans les sols un peu lourds, argileux ou limoneux. Et puis, pour aller contre une idée reçue, un ver de terre coupé en deux n'en a jamais fait deux ! Deux demi-vers de terre donnent zéro ver de terre, les deux moitiés meurent !

COMMENT FAIRE UNE FOIS LES HERBES INDÉSIRABLES INSTALLÉES

Tout dépend du lieu.

Sur le dallage, dans les allées gravillonnées, le désherbage à l'eau chaude est une solution bien adaptée. L'eau bouillante de la cuisson des légumes est versée sur les herbes. Le choc thermique les anéantit en quelques jours. N'allez pas vous brûler les doigts, portez des gants de protection.

Pour les grandes surfaces, il existe des brûleurs thermiques à gaz. C'est bien pratique. Néanmoins, le choc thermique est efficace sur les plantes annuelles ou faiblement développées seulement. Les plantes vivaces, comme le chiendent, les chardons, le liseron, ne seront que freinées dans leur développement. Vivaces par leurs racines, elles reprendront la place que l'on voudrait les voir quitter. Une flamme passée une à deux secondes avec un outil ressemblant à un petit chalumeau sur les plantes fait éclater les cellules. La plante meurt en quelques jours. L'effet de chaleur à haute température ne fait pas de sélection, les insectes présents doivent courir vite. Mais c'est encore pour moi la meilleure alternative au désherbage chimique, surtout pour les grandes surfaces.

L'acide acétique, l'acide citrique, de l'extrait de sauge ou d'eucalyptus, le gluten de maïs : de plus en plus nombreuses sont les substances utilisées à des fins herbicides. La pulvérisation de vinaigre blanc semble aussi donner des résultats satisfaisants. Mais nombreuses sont les recettes plus ou moins efficaces : vinaigre avec de l'eau ou pur, avec du sel, avec du liquide vaisselle, avec les quatre…

Recette écologique

Par expérience, j'utilise le vinaigre mélangé avec de l'eau : trois quarts de vinaigre blanc pour un quart d'eau. Et je ne pulvérise en plein soleil que sur les herbes ! C'est une recette de grand-mère – de grand-père, en l'occurrence – qui n'est pas homologuée. En revanche, il existe dans le commerce des désherbants bio à base d'essence de géranium utilisables par les jardiniers amateurs. Efficace sur les jeunes plantules et annuelles. J'ai pulvérisé du liseron, il a perdu ses feuilles, mais deux mois plus tard, il colonisait à nouveau le massif ! C'est toujours deux mois de gagnés…

Enfin, le jardinier écoresponsable, dans sa vie d'amoureux de la nature, peut trouver, avec juste raison, une certaine beauté dans les plantes sauvages. Qui n'a pas craqué devant les épis plumeux de certaines graminées en fin d'été, devant les capitules jaunes printaniers des pissenlits, ou ceux de la fière rose trémière faisant sa place dans les graviers ? Et que dire de ces herbes qui agrémentent nos assiettes de salades, comme la roquette ou la pimprenelle ? On peut cultiver une autre esthétique. La beauté est subjective, elle est vôtre. Un coin de nature « sauvage » dans votre paradis n'est pas anachronique. Je dirais même qu'il est à rechercher.

Autre action à mettre en œuvre pour limiter les intrants phytopharmaceutiques : pour éviter d'avoir à soigner vos plantes, ne les faites pas souffrir – j'adore ces lapalissades ! –, et pour ne pas les faire souffrir, les différents travaux de jardinage répondent à un calendrier (approximatif) et à certaines règles de l'art (modifiables), car le jardinage n'est pas vraiment une science exacte… Voyons ce qu'il faut faire et quand le faire.

Les bons gestes aux bons moments

LES BONS GESTES POUR LE SOL

Les actions jardinières répondent à des normes, des us et coutumes parfois régionaux, des pratiques ancestrales ou récentes. Rien ne vaut le bon sens et l'observation. Durant des décennies, le jardinier devait avoir un jardin propre, comprenez sans une seule herbe qui ne résultât pas de son semis ou de sa plantation. Exit les intruses ! Le jardinier devait enfouir le fumier frais à l'automne et pratiquer des labours ou bêchages profonds– on conseillait « deux fers de bêche » qui correspondent à environ 40 centimètres de profondeur.

Dans un jardin naturel bio, cela n'a plus cours. Par l'observation, la connaissance et le changement de paradigme, le jardin est devenu un havre de bonheur et de plaisir. Plus question de faire du productivisme à coups de pesticides. Les gestes et pratiques ont évolué, et ce n'est pas fini. Les herbes sauvages ne sont plus des organismes à détruire, et la fertilisation se met en surface sur une terre décompactée mais non plus retournée. Parce que les herbes sauvages ont perdu leur caractère 100 % nuisible et que la plante se nourrit de ce que la terre lui fournit et non de ce que la chimie lui injecte.

Voici donc les deux gestes qui ont changé les actions jardinières.
On ne retourne plus la terre, on la décompacte et on ajoute une fertilisation naturelle organique en surface – ou dans les tout premiers centimètres du sol. De cette façon, les plantes se portent mieux et sont plus résistantes.

Ajoutés à cela, les bons gestes de paillage, d'arrosages doux et parcimonieux, les tailles légères, les binages, le ramassage à la main ou le piégeage de certains parasites (doryphores, limaces…) font du jardinier une personne vivant avec son jardin. Il en fait partie, il en est responsable.

C'en est fini du temps de la dictature où tout le monde devait filer droit, poireaux, pucerons et tourterelles.

LES BONS GESTES POUR LES VÉGÉTAUX

AUTRE ACTION DIGNE D'UN JARDINIER AU NATUREL BIO : LA TAILLE DOUCE

Le sécateur est une arme redoutable qui peut occasionner bien des dégâts. La taille consiste à supprimer une partie d'une plante. Ce geste est nécessaire si l'on est sûr des conséquences qu'il occasionne. Qu'est-ce que je coupe, à quel endroit et pour quoi faire ?

Je coupe les fleurs fanées pour améliorer l'esthétisme et éviter une montée à graines qui épuise la plante. Je coupe les parties aériennes des herbes indésirables pour freiner leur développement. Je taille ma plante grimpante pour la diriger. Voilà des actes réfléchis et qui ont lieu d'être. En fait, une taille est comme un acte chirurgical, obligatoire dans certains cas et toujours traumatisant pour la plante, surtout chez les ligneux (comportant de la lignine, composant du bois), les arbres et arbustes.

Mon conseil bio

La taille n'est pas systématique ! Elle est souvent plus culturelle que culturale. Les végétaux ont besoin de s'exprimer, laissons-leur le loisir de se développer.

En revanche, je suis plus critique sur **la taille des arbustes à fleurs.** Souvent le sécateur est trop sévère. Je ne parle même pas des tailles en boule des arbustes à fleurs, que l'on voit encore dans des espaces verts de copropriétés, voire de collectivités. Un arbuste à fleurs n'est pas un végétal pour art topiaire. La taille en boule pratiquée au taille-haie par du personnel peu qualifié ou pressé est une insulte à la beauté naturelle des plantes. Mais je le répète, même au sécateur, très souvent la taille est trop sévère. Pensez qu'une partie de l'énergie de la plante est dans son bois. Laissons les végétaux s'exprimer !

Mon conseil bio

Chaque arbuste a son mode de taille. Courte pour certains, plus longue pour d'autres, la taille est adaptée à l'espèce et à la vigueur de la plante. En règle générale, l'arbuste est allégé de ses branches du centre pour faire passer l'air et la lumière (taille en U). Le raccourcissement des branches est propre à chaque végétal.

Anecdote

J'ai eu à expliquer la taille des arbustes à fleurs. Pour me faire comprendre, j'ai demandé aux personnes présentes de joindre les mains comme pour une prière, puis d'ouvrir les mains en les écartant. Seuls les poignets étaient encore en contact, les doigts étaient aussi écartés les uns des autres. Puis elles ont bougé les doigts. Je leur ai dit que c'était le vent qui les agitait. Les doigts représentaient les branches. Elles ont vite compris qu'il fallait couper les branches du centre puisque, au creux de la main, il n'y avait pas de doigts !

« Et pour la longueur de coupe, on ne taille que les ongles, pas les phalanges ! C'est-à-dire que l'on ne raccourcit que les branches de l'année, les branches les plus jeunes. C'est facile à reconnaître : elles ont la couleur des cheveux : bruns comme les vôtres, c'est du jeune bois ; gris comme les miens, c'est du vieux bois ! » C'est ça, une taille douce.

En résumé, pour tailler un arbuste à fleur, on supprime les rameaux de l'intérieur. Les rameaux trop frêles sont éliminés, ainsi que les branches cassées ou mortes. Et en dernier, les branches de l'année sont raccourcies, plus ou moins suivant la variété.

Mon conseil bio

Accrochez un petit fil rouge à l'extrémité des branches coupées de votre arbuste. En saison, lorsqu'il aura fait de nouvelles branches, observez comment votre arbuste s'est développé et quelles branches portent les fleurs. Vous aurez de bonnes indications sur votre taille.

Ci-dessous, un tableau présente des indications sur la taille de floraison des arbustes à fleurs. Vous remarquerez que la plupart ne se taillent que peu ou pas du tout. Néanmoins, un nettoyage des fleurs fanées et des branches abîmées ou trop frêles est un plus qui permet à l'arbuste de ne pas s'épuiser pour rien.

Mon conseil bio

Lors d'une taille courte, on raccourcit beaucoup la plante. **Dans le cas d'une taille longue,** on taille légèrement.
On appelle « œil » l'emplacement où se trouve le bourgeon. Si l'on taille à trois yeux, on compte trois bourgeons en partant de la base de la branche et on coupe au-dessus.

TABLEAU DES TAILLES DE FLORAISON DES PRINCIPAUX ARBUSTES À FLEURS			
Noms	**Taille courte** (on laisse la branche avec 3, 4 ou 5 yeux)	**Taille longue** (on ne taille qu'un tiers de la branche maximum)	**Pas de taille** (sauf impératifs de sécurité ou d'esthétisme)
Abélia		X	
Amélanchier			X
Aucuba			X
Buddleia davidii	X		
Callicarpa		X	
Camélia			X
Caryopteris	X		
Céanothe caduc	X		
Céanothe persistant			X
Cercis			X
Chaenomeles		X	
Chimonanthus		X	
Cotinus		X	
Deutzia		X	
Escallonia			X
Forsythia		X	
Fuchsia	X		
Hamamélis			X

Hibiscus syriacus	X		
H. X moserianum		X	
Houx			X
Kerria	X		
Kolkwitzia		X	
Lagerstrœmia	X		
Lavande		X	
Magnolia			X
Nandina			X
Nerium		X	
Osmanthus			X
Paeonia suffruticosa			X
Perovskia	X		
Philadelphus		X	
Pieris			X
Potentille	X		
Rhododendron			X
Ribes		X	
Skimmia			X
Spartium junceum	X		
Syringa		X	
Weigelia		X	

Pittosporum rabattu après fort coup de gel

Mon conseil bio

Pour connaître l'époque de taille des arbustes à fleurs, il faut se référer à leur date de floraison. Les arbustes qui fleurissent en hiver ou au printemps, en début d'année, se taillent juste après leur floraison, ou pendant si vous faites des bouquets pour la maison. Les arbustes qui fleurissent l'été – sur les nouvelles branches toutes jeunes – se taillent en fin d'hiver (février-mars).

Dans le cas des arbres d'ornement, c'est encore plus simple. On ne les taille pas ! Il peut y avoir des obligations lorsque l'arbre présente du bois mort ou risquant un incident (branches pouvant tomber, touchant les fils électriques, frottant contre le mur de la maison…). Il s'agit là de tailles de « correction ».

La taille des arbres d'ornement sur les parkings des supermarchés est pour moi un remake permanent de *Massacre à la tronçonneuse*. Il reste timidement trois bouts de branches charpentières. Ça ressemble à des moignons d'où s'échappe une

Mûrier platane : taille traditionnelle mais trop sévère

sève désorientée. Évidemment, le jardinier au naturel sait que les arbres sont faits pour vivre plus longtemps que nous à condition que l'on ne les ampute pas de leur fière ramure. Un arbre, c'est grand, c'est large et ça fait des feuilles qui tombent. C'est mieux d'y penser avant de le planter. Laissons faire la nature, elle nous le rendra bien.

Mûrier platane : taille légère

LES BONS GESTES POUR TAILLER LA HAIE

La taille de haie se pratique à la cisaille ou au taille-haie. Pour ce dernier, s'il est à moteur thermique (donc un peu lourd), préférez le taille-haie perche – on dit aussi « canne ». L'appareil est fixé sur un harnais et possède une inclinaison réglable de la lame. De ce fait, on peut tailler le haut de la haie sans monter sur une échelle. Facilité, sécurité et ergonomie.
Il y a des artistes de la taille. Des parallélépipèdes rectangles, dits « taillés au carré » (!), vont souligner les contours de la propriété. Armé d'une cisaille affûtée comme un rasoir, le jardinier sculpteur s'adonne à sa passion. Mais il y a artiste et artiste, ne vous y trompez pas !

Haie taillée de lierre panaché

L'ART TOPIAIRE

L'art topiaire est la mise en forme de végétaux pour qu'ils puissent ressembler à des animaux ou des objets. Par exemple, le buis en forme de cône ou de pyramide, le troène tige en forme de boule ressemblant à une sucette géante, tout est possible.

Les boules, les cônes, les pyramides sont des formes difficiles à réaliser. Il est préférable, si vous ne maîtrisez pas encore le coupe-coupe et la machette, d'investir dans des végétaux déjà taillés de la sorte. La suite ne sera qu'un entretien régulier. Ces tailles particulières sont faites sur des végétaux au feuillage persistant.

Appelez donc « maître » votre voisin qui taille sa haie avec un laser dans les lunettes. Un tel artiste ne peut que recevoir votre admiration, vous qui faites des vagues au taille-haie !

Cela dit, l'art topiaire est plus à sa place dans les jardins à la française de nos châteaux...

Art topiaire taille en nuage

Afin de ne pas brusquer cette nature qui nous est chère, de ne pas perturber les végétaux ni les habitants du jardin, il est préférable d'opérer nos actions jardinières au bon moment.

LES BONS MOMENTS DES TRAVAUX DE JARDINAGE

Il existe des calendriers de travaux de jardinage. Vous pouvez les suivre à la lettre si vous êtes retraité dans la région parisienne, surtout s'il s'agit d'un calendrier lunaire. Il faut un peu de temps libre tous les jours ! Quant à la région parisienne, elle sert de référence climatique pour tout le pays. Vous devez adapter les dates à votre région : il vous faut compter un report de 4 jours en Eure-et-Loir, et de 10 jours à Lille. En revanche, vous serez en avance de 42 jours à Bordeaux et de 20 jours en Charente-Maritime[3].

Ces chiffres ne nous avancent pas beaucoup sur la date des travaux de jardinage. Les saisons ne se ressemblent pas d'année en année, et les microclimats sont tellement nombreux ! Il vaut mieux parler de « saison » comme on l'entend chez le jardinier. Je vous livre mon calendrier parfaitement personnel et aléatoire que vous adapterez :

3. Cf. *Guide Clause*, 19e édition, éditions L. Clause, Brétigny-sur-Orge.

CALENDRIER DES TRAVAUX DE JARDINAGE	
Le début du printemps	Quand les feuilles apparaissent et que les gelées sont encore à craindre (entre fin février et début mai)
La fin du printemps	Quand les gelées ne sont plus à craindre, sauf cas exceptionnel (entre fin avril et début juin)
L'été	Quand toutes les feuilles sont sorties, qu'il fait chaud et qu'on pense fortement aux vacances (entre mai et septembre)
L'automne	Quand on voit les feuilles changer de couleur, que l'on remet une petite laine, que les hirondelles nous disent au revoir
La fin de l'automne	Quand le chauffage fonctionne sans arrêt, qu'il y a davantage de feuilles par terre que sur les arbres (novembre)
L'hiver	Entre décembre et le milieu du printemps, quand les jours rallongent mais qu'il fait encore froid (d'avant Noël jusqu'après Pâques)

QUE FAIT-ON DANS LE COURANT DE L'AUTOMNE ?

On coupe les fleurs fanées, on désherbe manuellement, on grattouille la terre avec une binette, on retourne le tas de compost en l'humidifiant si besoin, on ramasse les fruits mûrs et les légumes et on surveille les arrosages.

C'est aussi le mois des plantations. En début d'automne, commencez par les persistants et les vivaces, et en fin d'automne, plantez les caducs, les arbres et arbustes en racines nues, et les bulbes à floraison printanière.

C'est encore le moment de planter les premières fleurs bisannuelles (pensées, primevères, giroflées, œillets de poète, etc.).

Avant les gelées, vous aurez soin de préserver les plantes frileuses, soit en rentrant les potées, soit en emmaillotant les immuables dans un voile d'hivernage et en mettant en place un paillage au pied.

C'est enfin la période de la fumure de fond : compost en surface pour tout le monde. Dernière taille de haie, si l'on n'a pas eu le temps de la faire avant ! Dernières tontes de gazon avant remise de la tondeuse. Les feuilles ramassées sont utilisées en paillage ou mises au compost, mais ne vous acharnez pas à tout nettoyer. Les petits animaux ont besoin de feuilles, d'herbes et de brindilles pour hiverner. Laissons-leur de quoi passer l'hiver au chaud.

Et puis, profitez de l'air encore doux…

QUE FAIT-ON EN HIVER ?

La marmotte ou l'ours polaire, c'est selon.
Lors d'une insomnie, vous pouvez, hors période de gel, faire un traitement d'hiver sur vos arbres. Un rapide brossage sur les troncs pour enlever ce qui vient (écorce et œufs d'insectes), suivi d'un badigeonnage de blanc arboricole qui va nettoyer plus en profondeur le bois. Le blanc arboricole est un traitement d'hiver que l'on applique au pinceau pour protéger le bois des insectes et des champignons, mousses et lichens.

Profitez de la chaleur de la maison pour feuilleter les catalogues de graines. Avant de passer vos commandes, faites un inventaire de ce qui vous reste. Vérifiez les dates de péremption inscrites sur les paquets.

C'est aussi le moment de tailler les arbres fruitiers à pépins (pommier, poirier, cognassier) si vous voulez franchement les tailler. Ce n'est pas une obligation…

Nettoyage enfin des outils et ustensiles (voir le paragraphe « Le bon outil adapté et entretenu » p. 137).

QUE FAIT-ON AU PRINTEMPS ?

On se réveille et on s'active. Les jours rallongent, et c'est tant mieux : il y a tant à faire !

Écartez le paillage du pied des plantes afin que la terre se réchauffe. Enlevez le voile d'hivernage au moins la journée pour aérer les plantes. Grattouillez le sol pour l'aérer. C'est encore le moment de planter les fleurs bisannuelles (pensées, primevères, giroflées, œillets de poète, etc.). Il faut également tailler les rosiers et les arbustes à floraison estivale, la vigne et les petits fruits (cassis, groseilles...) juste avant l'apparition des feuilles.

Quand le printemps est bien avancé (avril-mai), on peut tailler les haies de persistants, si besoin. Attention aux oiseaux qui y installent leur nid ! C'est pourquoi il est préférable, dans le cas d'une seule taille par an, de la décaler en août.

Au début de leur floraison – ou à la fin, si l'on veut profiter pleinement de la floraison –, on taille les abricotiers et les pêchers.
Le printemps est aussi l'époque des semailles : semis de fleurs ou de légumes, en place ou dans des terrines pour une mise en place définitive plus tard.

On surveille l'état sanitaire des plantes et on réfléchit à la marche à suivre (voir le chapitre « Allô, docteur ? » p. 157)...

QUE FAIT-ON EN ÉTÉ ?

Dès que les fruits (pommes, abricots, pêches…) sont gros comme des œufs de caille, on pratique l'éclaircissage. Il peut se faire en plusieurs fois, au fur et à mesure que les fruits grossissent.

C'est aussi l'époque de la taille des arbustes qui ont fini de fleurir (forsythia, lilas, groseillier à fleurs, cognassier du Japon, viorne, spirée de printemps, etc.).

Les arrosages sont à surveiller ainsi que l'état sanitaire des plantes. On paille. Tout ! On coupe les fleurs fanées pour éviter que les plantes ne montent à graines, ce qui les épuise. Évidemment, si vous voulez récolter les graines pour multiplier vos plantes, laissez faire la nature et ne coupez rien.

Bon à savoir

Éclaircissage : pratique consistant à éliminer les fruits en surnombre sur une branche. Le nombre restant dépend de la vigueur de l'arbre. Mais il vaut mieux avoir moins de fruits gros que beaucoup de tout petits. Opération très importante, surtout si l'on ne pratique qu'une taille très modérée ou pas de taille du tout. Il n'est pas rare, après un éclaircissage, d'avoir plus de fruits par terre que sur l'arbre, et c'est normal !

ÉPOQUES DE TAILLE DE HAIE

Les meilleurs mois pour la taille des haies de persistants, comme le troène, le thuya, sont les mois en a (avril et août). Avril, en pleine pousse, et août pour bénéficier de la pousse de fin d'été. C'est à ces périodes de montée de sève que la cicatrisation des branches se fait le mieux. Si vous préférez avoir tout l'hiver une haie taillée au cordeau sans que rien n'en dépasse, la taille est possible jusqu'à fin octobre. En novembre et plus tard, la cicatrisation ne se fait pas comme il faut, ce qui engendre des risques pathologiques.

Pour les haies de feuillus caducs (charmille, hêtre…), il est préférable d'attendre la chute des feuilles, donc de novembre à mars, hors périodes de gel. Une taille en vert, en pleine feuillaison, en mai-juin est possible.

Les haies libres, composées d'arbustes à fleurs, suivent le calendrier de taille des arbustes qui les composent. On se rapporte donc à la date de floraison ou de fructification des végétaux.

La taille est une pratique habituelle, fréquente, parfois nécessaire. Mais combien de sécateurs n'ont jamais connu un affûtage ? Combien de jardiniers se sont émerveillés en écoutant le chant de la pierre sur la lame ? Tous les outils du jardinier méritent un peu d'attention et d'entretien.

Le bon outil, adapté et entretenu

Nombreuses sont les actions jardinières qui nécessitent un outil. Encore faut-il utiliser le bon. Je classe les outils en trois groupes : les outils à manche utilisés pour le travail du sol, les outils à main de taillanderie et les outils à moteur. Voici la sélection d'outils qui me semblent indispensables. À vous de la compléter suivant vos besoins.

LES OUTILS À MANCHE POUR LE TRAVAIL DU SOL

Tous les outils cités ci-dessous sont à manche. Le manche en bois demande de l'entretien. En hiver, lorsqu'on n'en a plus besoin, les outils sont mis à l'abri de la pluie, nettoyés, débarrassés de toutes les mottes de terre. Les manches sont ensuite passés au papier de verre très fin et enduits d'un mélange d'essence de térébenthine et d'huile de lin, à parts égales. Le second passage ne se fait qu'avec de l'huile de lin. L'entretien des manches garantit leur longévité.

Les parties métalliques sont lavées et frottées à la brosse à chiendent. Si des pointes de rouille apparaissent, utilisez une brosse métallique. Il suffira ensuite de les badigeonner d'huile. Certains utilisent de l'huile de vidange. L'efficacité est correcte, mais la pollution aussi, car cette huile se retrouve ensuite dans le terrain lors de l'utilisation des outils. Prenez donc une huile biodégradable.

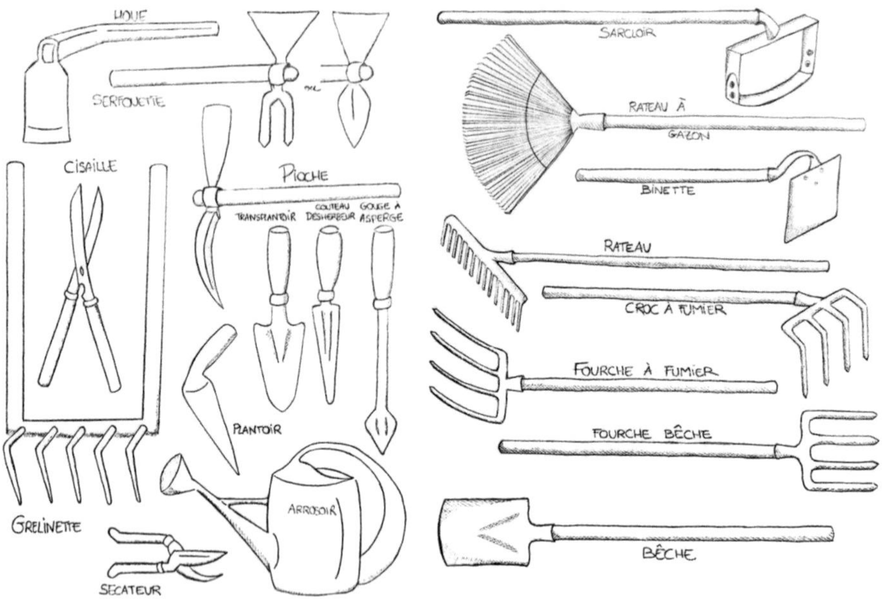

- **La fourche bêche et la grelinette** (ou biogriffe, ou autres appellations) : ces outils sont utilisés pour décompacter le sol, ce dernier n'ayant pas besoin d'être retourné (voir le paragraphe « Le travail du sol » p. 42).
- **La bêche** est employée pour couper les racines. Utile lors de la transplantation d'arbustes ou pour marquer les bordures. Dans la catégorie des bêches, on trouve le louchet, plus long, plus étroit, plus coupant.
- **La binette** agit comme un ciseau. Idéal pour couper les herbes tendres à ras du sol ou pour effriter la terre.

Bon à savoir

Savez-vous pourquoi un binage vaut deux arrosages ?
L'eau en s'infiltrant dans le sol fait des petits canaux (capillaires). Elle ressort par le même chemin lors de l'évaporation. Le binage va casser la croûte superficielle, aérer la surface, mais surtout boucher partiellement les canaux et freiner l'évaporation. La surface du sol peut sécher, mais l'eau sera retenue plus bas. Cela dit, si vous pouvez éviter un arrosage grâce à un binage, il faudra bien apporter de l'eau à vos cultures à un moment donné. Vive le paillage qui évite le binage et freine l'évaporation !

- **La serfouette,** c'est deux outils en un : d'un côté, une binette, et de l'autre, soit une griffe à deux dents, soit une petite pioche en forme de langue. C'est cette dernière que je préfère, la langue servant à tracer les sillons lors des semis.
- **Le sarcloir :** petite lame au bout d'un long manche. Le sarcloir est très utile pour casser la croûte superficielle du sol, pour faire un désherbage par un binage léger en surface, dans des sols meubles comme dans un potager. On parle en agriculture de cultures « sarclées », c'est-à-dire celles qui ont besoin d'un sol meuble et désherbé (pomme de terre, betterave…).
- **La houe :** une très grosse binette pour travaux de force, comme un désherbage annuel au pied des arbres, des vignes, là où la terre est parfois dure et caillouteuse.
- **Le croc à fumier :** idéal pour égaliser. Manié avec force, le croc, que l'on appelle aussi « griffe », fouille le terrain sur 10 à 15 centimètres afin d'en extirper les pierres et les racines indésirables. Il permet aussi de briser les mottes. C'est un outil de base pour le travail du sol.
- **Le râteau** doit avoir entre huit et dix-huit dents. Plus il y a de dents, plus la surface du sol travaillée est large, ce qui paraît évident. Son maniement est beaucoup moins facile qu'il n'y paraît. Un râteau long est lourd. Il est l'outil de finition, il caresse le sol de la pointe de

ses dents, il égalise en douceur. Pour cela, le râteau est poussé et tiré, tout en étant porté. Après son passage, aucun trou, aucune trace de dents. Le ratissage est un art !

- **Le balai à gazon**, un éventail à dents rondes, **et le balai à feuilles**, un éventail à dents plus larges. Le balai à feuilles n'est pas pratique pour ramasser le gazon : les dents larges s'insinuent mal entre les brins d'herbes. En revanche, le balai à gazon peut ramasser les feuilles ! À n'en choisir qu'un, prenez-le à dents rondes.
- **Pioche et pelle** sont utilisées pour les travaux de force, pour creuser des trous de plantation dans une terre dure.
- **La fourche à fumier**, à trois ou quatre dents : très pratique pour ramasser les tas d'herbes ou retourner le compost.
- **Le couteau désherbeur**, muni d'une longue lame incurvée et étroite. Planté dans le sol, le couteau suit la racine de la plante à ôter puis, par un effet de levier à une main et en tirant doucement la plante de l'autre, cette dernière est arrachée. Personnellement, j'utilise de la même manière une gouge à asperge que je trouve plus solide.
- Deux autres petits outils à main : **le plantoir**, qui est pointu, et **le transplantoir**, qui ressemble à une petite pelle. Les deux sont nécessaires aux plantations des bulbes, plantes en godet ou en racine nue, comme les poireaux que l'on repique.

Les outils à bord tranchant, binette, serfouette, houe, bêche, sont affûtés régulièrement. Une binette qui est émoussée ne coupe pas, et le jardinier est obligé de forcer sur l'outil, ce qui rend le travail plus fatigant pour un résultat moins bon. Tout au long de l'année, à chaque utilisation, le côté tranchant de l'outil rencontrera une lime bienveillante !

LES OUTILS DE TAILLANDERIE

- Le premier de la liste est **le sécateur**. Outil indispensable mais à double tranchant – même s'il n'a qu'une lame. Un sécateur est fait pour couper, tailler, mais nous l'avons vu, pas n'importe quoi ni n'importe comment. En revanche il doit être entretenu, c'est-à-dire couper comme un rasoir. Il faut donc lui adjoindre la pierre à affûter. Elle est petite et relativement fine pour pouvoir rendre la lame coupante sans la démonter. Ne prenez pas une pierre à faux, trop grosse.

Bon à savoir

Pour affûter le sécateur, il y a plusieurs formules, je vous livre la mienne. J'ouvre le sécateur. Je le prends dans la main gauche, le poignet cassé pour ne pas me blesser avec la pointe de la lame, je bloque mon avant-bras. La pierre, que vous aurez mouillée, part du centre et remonte vers la pointe, toujours dans ce sens et seulement sur le côté biseauté de la lame. Pour savoir si la lame est bien affûtée, vous devez pouvoir couper un brin d'herbe sans l'arracher. J'avoue qu'il faut un peu s'entraîner. Après le passage du râteau, voilà le deuxième geste auguste du jardinier.
Il vous restera à graisser le sécateur, à bien l'essuyer après chaque usage et à le désinfecter, à l'alcool ou au vinaigre blanc. La plupart des lames de sécateur peuvent se changer. Il ne faut pas hésiter à mettre une lame neuve si besoin.

- Le second outil de taillanderie est **la cisaille à haie**. C'est comme une grosse paire de ciseaux. Elle aussi doit tailler d'un coup d'un seul. Ses lames doivent être affûtées. Lors de la taille, surtout des conifères, de la sève se colle aux lames. Il est impératif de laver la cisaille à la fin des travaux pour ôter la résine. Eau chaude et savon devraient suffire ; sinon, le dissolvant à ongle (acétone) est bien efficace, mais nettement moins bio !

- Et pour ne pas abîmer ni son sécateur ni sa cisaille, et encore moins ses bras, en cas de grosse branche à couper, il existe **le sécateur de force**, appelé aussi « ébrancheur ». Plus les bras de l'ébrancheur sont longs, plus vous avez de force. Vous pouvez essayer avec une petite scie, surtout pour couper du bois mort et sec.

LES ENGINS À MOTEUR

- Vous avez compris que le motoculteur équipé de fraises rotatives (motobineuse) était néfaste. Les fraises déstructurent le sol et blessent – voire tuent – les deux tiers des vers de terre et autres insectes. En revanche, **le motoculteur sur roues**, tirant une herse afin de griffer le sol, est d'une grande aide pour les surfaces importantes.
- **La tondeuse** est un passage obligé si l'on a une pelouse à tondre. Le modèle choisi dépend de la surface à tondre et du nombre de passages par an. Là aussi, l'entretien de la lame est indispensable. Ne pas oublier la vidange annuelle et les différents graissages.
- **Le broyeur de végétaux :** de plus en plus utilisé par les jardiniers écoresponsables, il sert à fabriquer des copeaux à partir des tailles, pour le compostage, pour le paillage. Vous choisirez le modèle suivant le diamètre des branches que vous avez à réduire.

Ces trois machines sont un investissement lourd pour un usage quelque peu restreint. L'achat en commun avec d'autres jardiniers permet de faire des économies. Il est aussi possible de louer les machines à l'heure, à la demi-journée ou au week-end.

Vous avez donc vos outils dans la remise, il va maintenant falloir vous en servir. Mais savez-vous que vous avez de l'aide au jardin ? Nous avons vu que les vers de terre fouillaient sans cesse des tonnes de terre et les enrichissaient. Ils ne sont pas les seuls à vous donner un coup de main, silencieusement… En fait, les plantes elles-mêmes s'entraident. Les racines fouillent le sol, les plus grandes apportent un ombrage salutaire aux plus petites, et parfois, les plantes offrent une protection contre les parasites. Enfin, pas toutes : certaines ont même un environnement néfaste pour d'autres. Regardons tout d'abord les bonnes copines : on les appelle les « plantes compagnes ».

Les plantes compagnes

Depuis que l'homme cultive, il s'est aperçu que certaines plantes placées côte à côte avaient une incidence positive dans la lutte naturelle contre les agents pathogènes, c'est-à-dire les maladies et parasites animaux. Une plante semble en aider une autre, et parfois, la réciproque est aussi vraie. En y regardant de plus près, ce phénomène s'explique dans la plupart des cas. Odeurs, couleurs, excrétions des racines attirent ou repoussent les prédateurs. Parfois, il n'y a pas de réelle explication, ce qui ne veut pas dire que l'action bénéfique n'existe pas. Il y a encore tant à découvrir dans ce domaine !

DANS LA NATURE

D'autres critères bénéfiques sont à prendre en compte. On parle souvent de plantes compagnes pour le potager, mais en vérité, dans n'importe quel assemblage de végétaux, massifs créés ou naturels, les plantes s'entraident. La couverture du sol protège de l'érosion due au vent ou à la pluie, comme un paillage. L'eau remonte le long des racines profondes des arbres et les plantes à système racinaire moins puissant en profitent. L'ombre évite les écarts brutaux de température. La biodiversité évite l'inconvénient majeur de la monoculture, à savoir l'attaque massive des parasites inféodés à une espèce spécifique.

Les plantes compagnes le sont aussi parce qu'elles n'ont pas les mêmes besoins nutritifs, ou, si elles ont les mêmes, ce n'est pas en même temps. Les durées de culture peuvent être différentes. Les cultures courtes sont mélangées aux cultures plus longues, les premières seront récoltées et laisseront plus de place aux cultures longues. Cela optimise la surface cultivée.

Il est difficile de mettre en évidence l'action d'une plante sur une autre, car dans la nature, ou le jardin, les interactions sont nombreuses : aléas climatiques, nombre d'individus parasites, vigueur de la plante, et pourquoi pas cycle lunaire et bonnes ou mauvaises vibrations du jardinier. Mais force est de constater que, si un rapprochement de deux plantes aide l'une des deux, voire les deux, c'est que la proximité est bénéfique. Alors, pourquoi s'en priver ?

AU JARDIN

Voici quelques plantes compagnes – ou non ! – connues de longue date :

- Contre la mouche de la carotte, le voisinage des plantes de la famille des Alliacées (poireau, ail, oignon, ciboulette…) est bénéfique. Et contre la teigne du poireau, rien ne vaut l'odeur de la carotte. Voilà une belle symbiose, un gagnant-gagnant. Ce serait dommage de ne pas planter ces deux légumes côte à côte.

- Continuons avec les Alliacées. Ces plantes sécrètent des substances bactéricides par leurs racines. Les haricots, les pois ainsi que les fèves abritent sur leur système racinaire des bactéries fixatrices d'azote, des bonnes bactéries pour elles-mêmes et les plantes proches, ou les cultures suivantes. La culture de ces deux familles, Alliacées et Fabacées (pois, haricots…) est donc incompatible côte à côte.

Bon à savoir

Les Fabacées (appelées aussi « légumineuses ») sont en symbiose avec des bactéries (rhizobiums) qui fixent l'azote de l'air et le rendent assimilable pour les plantes. Le jardinier écoresponsable, fort de cette information, va semer des haricots, des pois, des fèves, du trèfle et du sainfoin dans tous ses massifs ! À grande échelle, on sème des légumineuses avec les céréales pour profiter d'un apport d'azote naturel et ainsi fertiliser le sol.

- Le persil aime l'asperge, l'asperge aime le basilic, le basilic aime la tomate, la tomate aime l'oignon, l'oignon aime la laitue, la laitue aime le radis…

Dans un potager, le grand nombre des variétés présentes nécessite réflexion pour faire les bonnes associations. Il est évident qu'un plan du potager aide grandement la mise en place des légumes à la bonne place. Ce tableau vous aidera, après que vous aurez fait votre choix de légumes.

LES PLANTES COMPAGNES, OU PAS		
LÉGUMES	**J'AIME**	**JE FUIS !**
Ail	Betterave, carotte, pomme de terre, tomate	Fève, haricot, pois
Aubergine	Haricot, poivron, radis	Pomme de terre
Betterave	Ail, céleri, chou, échalote, épinard, haricot, laitue, radis	Carotte, poireau, pomme de terre, tomate
Carotte	Ail, céleri, chou, échalote épinard, fève, haricot, laitue, pois, radis, tomate	Betterave, poireau, pomme de terre
Céleri	Betterave, carotte, choux, concombre, fève, haricot, radis, tomate	Laitue, pomme de terre

Chou	Betterave, carotte, céleri, concombre, épinard, fève, haricot, laitue, pois, pomme de terre	Fraisier, radis
Concombre	Céleri, chou, haricot, laitue, oignon, pois, radis	Pomme de terre, tomate
Courgette, courge	Chou, haricot	Pomme de terre, melon, radis, tomate
Échalote	Betterave, carotte, fraise, laitue, tomate	Chou, fève, haricot, pois
Épinard	Céleri, chou, fève, fraise, haricot, laitue, pois	Pomme de terre
Fève	Céleri, laitue, pomme de terre	Oignon, ail, échalote, poireau
Fenouil	Rien !	Tout ! Le fenouil est un solitaire.
Fraisier	Épinard, haricot, laitue	Chou
Haricot	Tout ! Ou presque…	Ail, oignon, échalote, pois, poireau, tomate
Laitue	Tout ! Ou presque…	Céleri
Melon	Chou, épinard, haricot, laitue, pois	Concombre, courge, pomme de terre

Navet	Carotte, céleri, haricot, laitue, pois, tomate	Oignon
Oignon	Betterave, carotte, fraise, concombre, laitue, tomate	Fève, haricot, pois, chou pomme de terre, navet
Poireau	Carotte, céleri, fraisier, tomate	Fève, haricot, pois, betterave, ail, chou
Pois	Carotte, céleri, chou, navet, pomme de terre, radis	Ail, oignon, échalote, poireau, tomate
Poivron	Aubergine, radis, tomate	Pomme de terre
Pomme de terre	Ail, chou, fève, haricot, pois	Betterave, carotte, céleri, concombre, courge, oignon, radis, tomate
Radis	Aubergine, betterave, carotte, céleri, concombre	Chou, courge, pomme de terre
Tomate	Ail, carotte, oignon	Aubergine, betterave, concombre, courge, pois, pomme de terre

PLANTES CONDIMENTAIRES	J'AIME	JE FUIS !
Aneth	Chou, fève, haricot, laitue, navet, radis, tomate	Carotte
Basilic	Concombre, courge, tomate	Rien
Ciboulette	Carotte, céleri, chou, pomme de terre	Haricot, fève, pois
Coriandre	Betterave, carotte, chou, navet, pomme de terre	Rien
Menthe	Chou, navet, radis, tomate	Rien
Persil	Céleri, chou, melon, oignon, poireau, pois, tomate	Laitue
Romarin	Carotte, chou, haricot, laitue, navet, radis	Rien
Sarriette	Chou, fève, haricot, navet, oignon, radis	Rien
Sauge	Tout ! Ou presque…	Concombre, oignon
Thym	Aubergine, chou, courge, épinard, laitue, navet	Rien

ATTENTION

Les plantes aromatiques ont une incidence sur la qualité gustative des légumes. Mais leur parfum gêne l'odorat des insectes parasites qui ne retrouvent plus les plantes convoitées.

CERTAINES FLEURS ONT LEURS ENTRÉES AU JARDIN :

- Le myosotis fait fuir le ver du framboisier, larve d'un petit coléoptère portant le nom de « byture » !
- La capucine attire les pucerons. Pendant qu'ils sont sur la fleur, ils ne sont pas ailleurs ! De plus, les capucines ainsi envahies servent de garde-manger et de lieu de ponte aux auxiliaires. Elles sont en quelque sorte sacrifiées pour la bonne cause !
- Les œillets d'Inde excrètent de leurs racines des substances nématicides. Les nématodes sont des petits vers minuscules, ronds, qui dévorent quantité de racines. Une fois qu'ils sont installés, il est très difficile de s'en défaire. Néanmoins, il y a des nématodes très utiles au jardin, ceux qui dévorent les larves de hannetons, de taupins, d'otiorhynques, de noctuelles, les chenilles, les limaces… Rien n'est vraiment tout blanc ou tout noir dans la nature !
- Les œillets d'Inde et les roses d'Inde, par leur odeur âcre, font fuir nombre de ravageurs comme les pucerons, les altises et les mouches blanches (aleurodes).

Tanaisie

- La tanaisie repousse aussi les insectes parasites grâce à son odeur… assez forte !
- Le souci et la lavande éloignent les pucerons, mais cette dernière attire les insectes pollinisateurs.

On parle presque toujours de plantes compagnes en rapport avec le potager. Mais toutes les plantes du jardin ont leurs copines ! Les légumineuses apportent de l'azote aux plantes de leur entourage, les arbres, par leurs racines profondes, drainent le sol mais font aussi remonter l'eau par capillarité. Arbres et arbustes ont une ombre salutaire et abritent un grand nombre de petits animaux. La lavande fait fuir les pucerons ; plantons-la au pied des rosiers. Autant pour les légumes que pour les autres végétaux, soyez créatif dans vos massifs, mélangez les espèces. La biodiversité au jardin favorise… la biodiversité, source de vitalité.

Après avoir rédigé la liste des légumes que vous voulez dans votre potager et que vous avez fait le plan, n'imaginez pas que vous pourrez vous en resservir l'an prochain ! Installer les mêmes plantes aux mêmes endroits deux années de suite ? Vous n'y pensez pas ! Ce serait trop simple. Il va falloir compter avec la rotation des cultures.

La rotation des cultures

Toujours dans l'optique de ne pas avoir à traiter contre divers parasites, il est un principe de base en agronomie qui est de ne jamais planter (ou semer) deux fois la même culture au même endroit. Si votre potager accueille des haricots à rames, vous ne ferez pas le bénéfice de garder en place les tuteurs et filets. Il vous faudra installer l'année suivante vos haricots dans un autre carré de jardin. Cela pour plusieurs raisons :

- risque de propagation de la maladie : si la culture en année 1 a eu un parasite, la même culture peut subir une attaque encore plus violente en année 2 ;
- risque de carence, de manque d'un ou plusieurs éléments nutritifs : une culture puise dans le sol un certain nombre d'éléments nutritifs dans une certaine quantité. La même culture plusieurs années de suite risque des carences, des manques de ces éléments fertilisants. Une faiblesse nutritionnelle augmente les risques de facteurs pathogènes.

Pour ces deux raisons, le jardinier écoresponsable devrait appliquer la rotation des cultures, en suivant les règles agronomiques. Nous allons voir ce qu'il en est pour un jardin, comment réaliser une rotation des cultures et si c'est indispensable. Les plantes aromatiques et les fleurs sont ajoutées en association avec les plants de légumes, soit parce qu'elles sont des plantes compagnes avec une incidence sur la maîtrise des parasites, soit parce que tout simplement, ça fait joli !

LE POTAGER PARTAGÉ EN QUATRE

Dans le premier carré, on met **en année 1** les légumes-feuilles (ceux dont on mange les feuilles) : salade, épinard, chou vert, poireau, etc. Ils sont gourmands en azote et ont besoin d'une bonne fumure.
Le carré n° 2 est garni de légumes-racines : navet, radis, betterave… mais aussi ail, oignon, échalote.
Le carré n° 3 voit les légumes « fruits » ou « graines » : haricot, pois, tomate, concombre, courgette…
Le carré n° 4 est celui des cultures qui restent en place plusieurs années, ce sont les cultures pérennes : fraisier, artichaut, asperge…

L'année suivante (**année 2**), les cultures du carré n° 1 seront transférées dans le carré n° 2, celles du carré n° 2 dans le carré n° 3 et celles du carré n° 3 prendront leur place dans le premier carré. La rotation se fait donc sur trois ans dans ce cas, les cultures pérennes ne changeant pas de place.

Là où ça se complique pour faire un plan – et le respecter –, c'est que le carré de légumes-racines est très grand à cause des pommes de terre qui prennent une place folle. Une cagette de cent plants occupe 20 mètres carrés ! Et le carré de légumes-fruits est immense : les courges et courgettes couvrent une grande surface, et les tomates ont besoin d'espace. Va-t-il falloir se restreindre sur certaines cultures ? Ou bien faire cinq carrés ?

Les légumes appartiennent à des familles botaniques, comme toutes les plantes. Dans une rotation de cultures, il est bon que ne se suivent pas deux années de suite des légumes appartenant à la même famille botanique.

- **Cucurbitacées :** courgette, concombre, potiron, courge…
- **Brassicacées** (ou crucifères) : chou, radis, navet…
- **Fabacées** (ou légumineuses) : pois, haricot, fève…
- **Liliacées** (ou Amaryllidacées) : ail, oignon, échalote…

- **Solanacées** : tomate, aubergine, pomme de terre…
- **Astéracées** (ou composées) : laitue…
- **Apiacées** (ou ombellifères) : carotte…

Pour résumer

Donc si l'on résume, dans un potager, on ne fait pas suivre les plantes de la même famille, ni des types de légumes identiques en se rapportant à la partie consommée de ces légumes. Il ne faut pas oublier non plus le tableau ci-dessus qui indique les plantes compagnes ou non. Vous avez encore envie de faire un potager ? Soyez tranquille, ce n'est pas aussi difficile que cela semble. Lancez-vous !

Je viens de vous monter que, si l'on veut appliquer à la lettre la rotation des cultures, il faut du temps et surtout de grandes surfaces. Ce qui peut être valable pour de la monoculture ne s'applique que très difficilement aux petites surfaces potagères d'un jardinier amateur. C'est complexe et vous allez avoir mal au crâne ! Soyons donc pragmatique et voyons ce que serait le minimum à faire pour le même résultat. Le plus important est :

- de suivre la liste des plantes compagnes ou non ;
- de changer de place les pommes de terre tous les ans ;
- d'alterner les légumes-racines et les légumes-feuilles chaque année.

En revanche, cela nécessite :

- du compost mûr chaque année sur toute la surface ;
- un paillage sur toute la surface ;
- des engrais verts pour occuper et fertiliser le terrain entre deux cultures ;
- des supports (liens, tuteurs, piquets) désinfectés avant leur mise en place !

Et hop ! Vous avez réglé le problème de la fertilisation et du risque parasitaire.

LE JARDIN EN CARRÉS

Une autre technique s'est démocratisée il y a peu : le jardin en carrés. La technique du jardin en carrés n'applique pas la rotation des cultures. Cette façon de cultiver les petits potagers est simple et ludique.
Le jardin est partagé en petits carrés de 1,20 mètre de côté. On y circule entre les carrés – accroupi, en tendant le bras, le jardinier peut atteindre le centre du carré (à 60 centimètres), ce qui explique cette mesure de 1,20 mètre. Dans ces carrés sont mélangés tous les légumes.

Un pied de tomate, deux haricots, trois ou quatre betteraves, deux salades, quelques radis sont dans le premier carré.

Le second reprend certaines des variétés du premier carré, plus quelques autres, et ainsi de suite. C'est joli, c'est très naturel, c'est tout sauf de la monoculture. Les insectes s'y perdent ! Dès qu'un légume est ramassé, il est remplacé par un autre. Vous coupez une salade, et aussitôt, quelques graines de radis ou une pomme de terre qui a germé dans la cuisine prennent la place. Un peu de compost mûr en surface, et le tour est joué. On peut aussi s'amuser à partager chaque carré en neuf, soit neuf carrés de 40 centimètres de côté, et faire pousser dans chaque carré un légume différent. Cela permet de jouer avec la hauteur des plantes et la profondeur des racines.

Quelle que soit la technique utilisée, n'oubliez pas de mettre des fleurs et des herbes aromatiques dans votre potager. Et pourquoi pas des légumes dans vos massifs de fleurs ? Il est des salades pourpres splendides et des poireaux d'un bleu surprenant. Un massif de plantes vivaces peut accueillir de la laitue feuille de chêne rouge. La poirée, les cardons et les artichauts se marient bien avec les dahlias et les cosmos. Les haricots grimpants trouvent leur support sur les arbustes à fleurs. Les têtes rondes des roses d'Inde se marient bien avec le persil géant au feuillage découpé. Il n'y a pas de règle absolue. Faites-vous plaisir !

Reprenons ce que vous avez fait dans votre jardin depuis que vous vous l'êtes approprié. Après avoir analysé la terre et fait les corrections adéquates, vous avez choisi les végétaux de votre extérieur suivant certains critères écologiques, édaphiques (caractéristiques du sol), climatiques, régionaux, usuels ou culturels, ainsi que selon vos désirs, besoins et coups de cœur. Vous les avez mis en place en suivant les règles de l'art. Vous les entretenez avec amour et passion. Vous suivez les conseils du chapitre « Dix conseils pour se passer d'intrants chimiques de synthèse » (p. 93) à la lettre.

Malgré tout, un grain de sable pathogène porté par un vent d'incompréhension vient gripper quelque peu les rouages de votre univers végétal. Mince alors ! Pourquoi ma plante est-elle « malade » ? Regardons de plus près l'anomalie et établissons une ordonnance salutaire.

5

Allô docteur ?

- Établir votre diagnostic après examen des symptômes.
- Mettre en place des mesures préventives pour éviter les attaques parasitaires.
- Agir par « traitement ou chirurgie » quand cela est nécessaire.
- Vous équiper de produits naturels ou fabriquer ses propres mixtures.

« Si on ne traite pas, on n'a rien ! » Cette phrase a bercé mes études agricoles, et je l'entends encore prononcée par ceux qui pensent que c'était mieux avant. En fait, à coups d'études, de constats, d'observations, d'expériences des uns et des autres, force est de constater qu'il n'en est rien. On peut ne pas traiter et « avoir quelque chose » quand même. Parfois, un couac survient. Parce que nous ne maîtrisons pas tout, parce que la génétique est là, parce que nous vivons sur une terre qui bouge et parce que les aléas climatiques et les échanges mondiaux font que des parasites s'installent et s'acclimatent, parce qu'à force d'utiliser de la chimie nous avons créé des souches résistantes… Pour toutes ces raisons, il y a parfois un incident. C'est aussi parce que nous n'acceptons pas la maladie, le parasite qui nous privent d'une partie de la récolte. Mais pas question de dire qu'il faut laisser faire ! Alors, comment réagir lorsque le parasite s'installe ?

Le diagnostic : quels sont vos symptômes ?

Prendre le temps d'observer et de tout observer.

Abordons le cas d'un tilleul qui perd ses feuilles. Voici un tableau de diagnostic qui va vous aider à faire le point. Que vous posiez la question sur l'état sanitaire de votre arbre à la jardinerie du coin ou sur un site spécialisé, il vous faudra donner le plus de détails possible. Les diagnostics de pathologie à distance sont délicats et sources d'erreur par manque de renseignements. Il est normal qu'il y ait des cases non remplies dans notre exemple.

6 espèces d'acariens peuvent nuire au tilleul en été !

EXEMPLE DE TABLEAU DE DIAGNOSTIC	
Questions	**Vos réponses**
Nom de votre plante	*Tilleul*
Âge de plantation	*Quatre ans*
Département/Commune	*Gard*
Exposition	*Soleil*
Type de sol	*Argilo-calcaire*
Feuilles anciennes	*Jaunissent et tombent* *Sont collantes et d'aspect grisâtre*
Feuilles nouvelles	*Jaunissent aussi*
Bois	
Fruits	
Fleurs	
Racines	
Date du début des symptômes	*Vers le 20 juillet*
Traitement effectué	*Aucun, sauf augmentation des arrosages*
Quantité et fréquence des arrosages	*Une fois par semaine, un arrosoir de 10 litres puis 30 litres par jour*
Présence de parasites visibles	*Je ne sais pas, je ne vois rien*
Autre observation	

Les renseignements donnés orientent le diagnostic vers une attaque d'acariens (araignées rouges) fréquente en été sur les tilleuls. Les conseils iront dans ce sens en spécifiant que les arrosages sont à réduire : 30 litres par jour pour un arbre de quatre ans de plantation, c'est beaucoup trop.

Sans toutes ces précisions, le diagnostic peut être faussé. Si le conseiller n'entend que « les feuilles jaunissent et tombent », l'avertissement sera d'arroser davantage, de mettre un antichlorose ou un engrais azoté. Cela ne changerait rien à la situation, sauf pour l'aggraver ! Toutefois, il peut s'agir de pucerons qui n'ont pas été remarqués sur les feuilles. La différence ? C'est que la lutte contre les acariens et les pucerons n'est pas la même…

Rien ne vaut un diagnostic sur place par un jardinier amateur ou professionnel, éclairé, mais quand on ne peut faire autrement, la fiche de renseignements est d'une grande aide. Il est primordial de connaître la cause du désagrément afin d'établir le remède adapté.

Acariens sur tomate

Repos plutôt que traitement ou chirurgie ?

Une fois le diagnostic établi et la source du problème détectée, la question suivante se pose : faut-il agir ou laisser faire ? Quels sont les cas où l'on ne fait rien ? Quand la nature s'en charge ou s'en chargera !

Voyons un autre exemple, qui est un cas d'école, très classique.
Mi-mars, je vois des pucerons sur mes boutons de rose. Si je traite, même avec un produit bio, je vais réduire la population de pucerons à néant. Que se passe-t-il dix jours plus tard ? Les pucerons sont revenus. Il me faut donc appliquer de nouveau un traitement, et ainsi de suite pendant une bonne partie de la saison. En revanche, si je fais confiance à la nature et que je n'applique aucun traitement – repos ! –, les auxiliaires, nos chers prédateurs de parasites, vont venir se régaler du festin et pondre près du garde-manger. Les larves feront le ménage dans la colonie de pucerons.

Anecdote

Il y a quelques années, j'enseignais l'entretien des arbustes à fleurs dans le parc du lycée agricole à des étudiants en classe de « Jardin espaces verts ». Nous avions pu échapper à la pulvérisation générale annuelle de pesticides. Le printemps avait été si pluvieux que l'entreprise de traitement phytosanitaire n'avait pu se libérer. C'était un mélange de fongicide, d'insecticide et d'acaricide qui était projeté au canon sur toute la végétation. Cette année-là, les althéas (hibiscus de Syrie) étaient noirs de pucerons. Les feuilles luisaient de miellat. Les étudiants voulaient appliquer un traitement. Mais en y regardant de plus près, nous avons compté plus de cinquante larves de coccinelle et une bonne dizaine de larves de syrphe sur chaque arbuste. Les auxiliaires étaient à l'œuvre ! De plus, des feuilles d'érable jonchaient le sol. Nous y avons découvert des momies de pucerons parasités par des petites guêpes qui pondent dans le corps du puceron, dont la larve se nourrit. La nature avait repris son cours normal. Après en avoir discuté avec le responsable de l'exploitation, il fut décidé que plus aucun traitement chimique ne serait fait. L'écologie avait gagné !

Larve de coccinelle

Bon à savoir

La coccinelle, qui vit un à trois ans, choisit des plantes couvertes de pucerons pour pondre entre 100 et 350 œufs par saison. Une semaine passe, et les larves sortent des œufs. Elles sont très voraces. Ce sont près de 150 pucerons qui sont dévorés chaque jour par chacune d'entre elles. La coccinelle adulte est moins gloutonne, elle se contente de 50 à 100 pucerons journellement. Mais quand la nourriture vient à manquer, elle peut se rabattre sur du pollen ou sur sa progéniture ! La petite bête à bon Dieu n'est pas aussi gentille qu'on peut le supposer.

Coccinelle œufs sur feuille parasitée par puceron

Dans les cas que nous venons de voir, il était urgent de ne pas se presser. De plus, il est des attaques minimes qui nécessitent aussi le repos ! Si des prédateurs s'occupent des parasites, on attend et on observe. Tant que la population d'indésirables est sous le seuil de nuisibilité, tout va bien. Tant que la plante ne semble pas en danger, tant que la récolte n'est pas compromise, tout va bien.

Il y a des attaques importantes mais sans conséquence grave. Par exemple, il est courant de voir sur les poiriers les feuilles garnies de pustules orangées, très jolies d'ailleurs. C'est une maladie cryptogamique, appelée « rouille grillagée ». Si l'attaque intervient en automne alors que les feuilles sont en train de tomber, il n'y a pas d'urgence à traiter. Les feuilles seront ramassées et brûlées. Les traitements d'hiver préconisés entre novembre et mars détruiront une partie des spores de champignon hivernant dans les écorces.

En revanche, le parasitisme peut faire de gros dégâts et mettre à mal une récolte. Même quand on est jardinier amateur, on voit d'un mauvais œil son travail réduit à néant. Une colonie d'acariens sur des tomates, des mouches blanches sur les potées fleuries de lantana ou des pommes pleines de vers ne sont que moyennement acceptées. Il va falloir agir. Mais que s'est-il donc passé ?

La méthode prophylactique

La méthode prophylactique regroupe l'ensemble des mesures de prévention des maladies, sous-entendu de tout ce qui peut nuire aux cultures – le terme « maladie » est souvent utilisé dans le sens générique de « pathologie ».

Que peut faire le jardinier écoresponsable pour éviter les attaques parasitaires ? Nous avons vu que les produits naturels, compost ou engrais, ont une incidence très positive sur la résistance des plantes fertilisées avec des produits naturels, compost ou engrais naturels. De même, choisir des variétés suivant le climat et le sol de son jardin est important pour éviter d'avoir à subir des désagréments. En fait, tout ce qui peut aider une plante à être convenablement nourrie et abreuvée augmente sa résistance, ou freine les risques parasitaires, notamment ceux causés par des insectes qui ont une préférence pour les végétaux faibles.

LE LAVAGE DU MATÉRIEL

Deux actes sont souvent oubliés par les jardiniers : le lavage et la désinfection. Tous les ustensiles, équipements, outils, vêtements, gants, doivent être lavés, car ils sont porteurs de parasites ! Œufs d'acariens, spores de champignons, graines d'adventices, bactéries, virus : autant de sources de maladie qui pourraient être évitées. Le lavage est obligatoire. La liste serait incomplète sans la désinfection, celle des ustensiles, pots, cache-pots, tuteurs, liens, étiquettes, et celle des outils de taille, comme le sécateur ou le taille-haie. Imaginez un tuteur à tomates dont la plante a été infestée par le mildiou une année, et qui est réutilisé l'année suivante sans désinfection. Imaginez un sécateur qui taille un abricotier touché par une bactérie et dont on se sert pour tailler l'arbre suivant.

La maladie se propage d'arbre en arbre par les outils de coupe et les plaies non soignées ! Lorsque je taille, j'utilise trois choses : un sécateur, une pierre à affûter et un pulvérisateur rempli d'alcool – l'alcool est pour le sécateur, pas pour le jardinier... Maintenant que le vinaigre blanc est homologué pour la désinfection des outils de taille (29 juillet 2015), il a avantageusement remplacé l'alcool, très volatil.

LES FILETS ET LES PIÈGES

Les filets sont des toiles que l'on pose sur les cultures. Ils sont assez fins pour empêcher l'insecte de venir pondre, mais laissent passer l'air et l'eau. On utilise beaucoup les filets anti-insectes dans la culture potagère, sur les carottes, les choux, les poireaux... C'est simple et efficace. On peut même les appliquer sur les pélargoniums (géraniums) pour éviter qu'un vilain papillon y dépose ses œufs, mais j'avoue que le côté esthétique de notre « roi des balcons » en prend un coup.

Les filets anti-oiseaux sont aussi des protections contre les pilleurs de semis ou de fruits. Il faut bien que nos amis à plumes se nourrissent, certes. Mais un couple de pies, une volée de pigeons ou une nuée de sansonnets peuvent détruire un semis ou une récolte de framboises ou de cerises très rapidement.

Les pièges sont nombreux. Le but est d'attraper les insectes avant qu'ils ne fassent de dégâts sur les cultures. On connaît le piège à guêpes, utile uniquement si quelqu'un de la famille est allergique aux piqûres, car la guêpe est un bon auxiliaire qui se nourrit d'un tas d'insectes. Il est regrettable qu'on les détruise autant.

- Le plus simple des pièges est la planche posée à même le sol pour lutter contre les limaces. Ces dernières se réfugient dessous en début de matinée. Il suffit de passer tous les jours et de faire la collecte. Si vous avez des poules, elles s'en régaleront.
- **Le piège à bière :** une petite bouteille enterrée avec un fond de bière attire aussi limaces et escargots. Attention à ne pas mettre de la bière dans une coupelle : c'est néfaste pour les hérissons qui aiment bien boire un petit coup le soir. Saouls, ils deviennent très vulnérables aux attaques de rapaces.

Plaque blanche engluée

- **Les plaques engluées :** ce sont de petites plaques en plastique toutes collantes. Elles sont blanches, bleues ou jaunes suivant l'insecte à attraper. Elles ont longtemps servi de pièges pour faire des comptages afin de déclencher un traitement phytosanitaire. Placées en grand nombre, les plaques engluées sont un véritable moyen de lutte contre les parasites.

- **Le piège à phéromones :** les phéromones sont des substances sexuelles sécrétées par les insectes femelles. Une plaque en est enduite et est placée près de la culture à protéger. L'insecte mâle s'y colle et meurt. Ne pouvant féconder la femelle, il empêche la ponte d'œufs. On se sert en principe de pièges à phéromones pour faire des comptages d'insectes. Mais dans le jardin d'amateur, il peut servir de traitement préventif contre la mouche de la cerise, de l'olive, contre le carpocapse de la pomme (un papillon de nuit – merci aux chauves-souris de nous en débarrasser). Vous connaissez sûrement sa larve, c'est le petit ver dans le fruit !

LES RÉPULSIFS ET LES EFFAROUCHEURS

Il existe des répulsifs à ultrason plus ou moins sophistiqués contre les rongeurs et les taupes, et des granulés agrémentés d'huiles essentielles pour éloigner les chats et les chiens.

Vous connaissez aussi l'épouvantail, l'ancêtre des effaroucheurs ? Il y en a de toutes sortes. Vous pouvez même en fabriquer avec de vieux CD ou des bandes de papier aluminium pour effrayer les oiseaux. Le soleil se reflète soudainement et envoie un flash, ce qui effraie nos amis à plumes. Toutes ces techniques font partie des méthodes prophylactiques afin d'éviter que les parasites œuvrent à la déconvenue du jardinier !

Quand il faut agir

Les plantes au jardin sont comme les enfants à l'école. Il y en a qui progressent plus vite que d'autres. Certains ont une santé plus fragile que la moyenne.

Le manque d'uniformité n'a aucune importance au jardin, les végétaux ont leur rythme de croisière. Une irrégularité peut provenir de la génétique, de l'environnement ou du mode de multiplication, peu importe. Mais quand le parasite s'en mêle malgré toutes les recommandations énoncées précédemment, que le seuil de tolérance est bien dépassé, il faut agir. J'appelle « seuil de tolérance » ce que la plante peut supporter, mais c'est aussi ce que le jardinier peut supporter… Accepter quelques pertes, c'est déjà un grand pas vers le jardinage écoresponsable.

A

Anecdote

Le seuil de tolérance pour un tilleul en cas d'attaque d'araignées rouges est de sept bestioles par feuille ! C'est comme ça que, lors d'un stage durant mes études, je me suis retrouvé perché dans les tilleuls à compter avec une loupe les acariens (araignées rouges). Mon chef, resté sur le plancher des vaches, notait les chiffres. Pratique culturale ou bizutage, je ne l'ai jamais su, mais le traitement fut fait dans la semaine ! J'avoue avoir compté approximativement, au bout de quelque temps passé dans les arbres !

Le jardinier a deux choix possibles : le traitement ou la chirurgie. Voyons d'abord le second choix, qui n'est pas forcément le plus mauvais. C'est ce que l'on nomme la « méthode d'éradication » qui consiste à supprimer les parties atteintes. Ôter les feuilles tachées, couper les extrémités des branches, supprimer les fruits malades peuvent suffire à gommer la pathologie, ou tout au moins à la rendre acceptable, sous le seuil de tolérance.

Dans la catégorie chirurgie, j'inclus les changements de place. L'environnement de la plante n'est peut-être pas le bon. Un arbuste à l'ombre qui ne fleurit pas ou un arbre qui végète depuis quelques années ont besoin d'aller voir ailleurs si l'herbe est plus grasse. Parfois, un arbre replanté 2 mètres plus loin se trouve dans un environnement plus adapté et se développe bien mieux qu'auparavant. Rappelons-nous qu'une plante qui souffre est plus sujette aux parasites.

L'autre choix possible : le traitement. Il n'est nullement incompatible avec la chirurgie ; je dirais même que les deux se complètent. « Traitement » est un raccourci de « traitement phytopharmaceutique », à utiliser en pulvérisation, en poudrage ou dans l'eau d'arrosage, afin de soigner une plante ou d'éviter qu'un agent pathogène s'installe. Le traitement est préventif dans le cas où la maladie ne s'est pas encore manifestée, ou curatif une fois le parasite installé. Et il sera nécessairement bio, c'est-à-dire accepté en agriculture biologique, donc, non pas chimique de synthèse !

A

Anecdote

Entendu dans une jardinerie : « Vous êtes certain que vous voulez le traiter ? Parce que, pour votre sapin de Noël qui n'a plus aucune aiguille depuis deux mois, je ne sais pas s'il existe un produit efficace. »

La pharmacie du jardinier

Pour soigner une plante, à titre préventif ou curatif, le jardinier dispose (encore) de deux types de produits : ceux dits « chimiques de synthèse » et les autres, dits « naturels », « bio » ou « acceptés en agriculture biologique » – ces trois termes ont leurs différences. Le jardinier écoresponsable n'utilise pas les produits chimiques de synthèse pour deux raisons principales : ils sont dangereux pour l'utilisateur au moment de la préparation de la bouillie et de son application, mais aussi pour le consommateur à cause des résidus de pesticides présents dans les récoltes, le sol, l'eau… Certains produits chimiques ont aussi une influence plus que néfaste sur les populations d'abeilles.

LES PESTICIDES CHIMIQUES (À BANNIR)

Toutes les études menées ont montré que le jardinier amateur était un gros consommateur de pesticides, notamment de désherbants.

Les collectivités aussi sont consommatrices de pesticides. C'est pourquoi le « zéro-phyto » est appliqué, volontairement ou par obligation, dans les collectivités territoriales et les jardins publics. Certains s'y sont mis il y a plus de quinze ans, d'autres ont attendu d'y être obligés. La loi interdit l'utilisation des pesticides dans les lieux publics depuis le 1er janvier 2017. À l'heure où j'écris ces lignes, des discussions sont engagées pour appliquer le zéro-phyto aussi dans les cimetières et les stades, pour l'instant exemptés de l'interdiction. Les responsables d'espaces verts prennent en compte la problématique du zéro-phyto dans leurs aménagements : choix de végétaux adaptés au milieu, plantes résistantes souvent régionales, espaces fleuris, réduction des espaces engazonnés, paillage des massifs, ainsi qu'utilisation de nouveaux outils de désherbage (manuels ou thermiques).

Pour le jardinier amateur, l'interdiction d'utiliser des pesticides chimiques (fongicides, insecticides, acaricides, molluscicides, herbicides, pour lutter respectivement contre les champignons, insectes, acariens, mollusques et herbes) sera effective au 1er janvier 2019.

Il faut sortir de la formule « un parasite = un traitement ». Ce serait trop simple. Il ne faut pas s'imaginer régler les incidents du jardin avec un traitement. Non pas que les produits acceptés en agriculture biologique soient moins efficaces, mais parce que le jardin ne peut se concevoir que dans une réflexion écoresponsable. On ne parle plus de « traitement phytosanitaire » ou « phytopharmaceutique », mais de « biocontrôle », qui inclut les mesures de prévention déjà évoquées : adaptation des plantes au biotope, modification des sols de culture par les amendements et fertilisants adéquats, respect des dates de plantation, de mise en culture, d'opération sur les végétaux (taille…), préservation et développement de la biodiversité existante, etc. L'important n'est pas d'éradiquer un parasite – ça ne marche pas ! –, mais de faire en sorte qu'il reste sous le seuil de tolérance. En fait, le jardinier va (apprendre à) gérer les envahisseurs.

La tâche est rude parce qu'il reste encore beaucoup à démontrer, à tester, à inventer. Le jardinier écoresponsable a, dans sa panoplie de sauveur de plantes, quatre groupes d'agents naturels :

- les auxiliaires dont on a déjà parlé au chapitre précédent (p. 100) ; ce sont les prédateurs de parasites, comme la coccinelle qui mange les pucerons ;
- les phéromones sexuelles qui attirent les mâles dans des pièges, avant qu'ils ne fécondent les femelles ;
- les micro-organismes (bactéries, champignons, nématodes), des auxiliaires microscopiques en quelque sorte !
- les substances naturelles que j'appelle aussi les « préparations maison ».

Le jardinier amateur écoresponsable voit désormais un certain nombre de nouveaux outils de désherbage venir renforcer sa panoplie de désherbeur écoresponsable ; nous y reviendrons.

LES AUXILIAIRES

Le jardinier peut trouver, en jardinerie ou sur le Web, des œufs d'auxiliaires, surtout de coccinelles et de chrysopes. C'est encore un peu cher pour un amateur. Le tout n'est pas de les faire venir au jardin, mais de les garder. L'hôtel à insectes peut vous servir. Mais les tas d'herbes, de bois, de cailloux, les côtés sauvages de votre jardin sont des abris tout à fait adaptés à la faune locale.

Les guêpes sont de taille ! Elles limitent très fortement les populations d'insectes. Il ne faut plus les voir comme des animaux nuisibles à détruire. Elles rendent un grand service au jardin. Il faut simplement se méfier de leur piqûre si vous êtes allergique. D'où l'intérêt de porter gants et chaussures fermées, même en été.

Mon conseil bio

L'hôtel à insectes est une petite maison que l'on remplit de bois creux, de pommes de pin, de tiges fines, de planchettes empilées avec des espaces interstitiels, de bambous, de morceaux d'écorce, de bûches percées, etc.

Les insectes s'y abriteront. Pensez à installer non loin une gamelle d'eau, hiver comme été, avec une planchette à l'intérieur, afin d'éviter les noyades.

Vous pouvez aussi suspendre des pots en terre cuite que vous aurez garnis de paille. Cette maison sera habitée par les pince-oreilles, grands prédateurs de pucerons.

LES PHÉROMONES

Les phéromones sont de plus en plus utilisées au jardin. La lutte contre le carpocapse (ver des pommes, des poires, des noix, de la prune), le taupin (ver « fil de fer »), la chenille processionnaire du pin, la pyrale du buis, la cochenille farineuse, le ver du poireau, la mineuse du marronnier, la mouche de la cerise, se fait par ce procédé. Néanmoins, pour que le piège fonctionne parfaitement, il faut bien suivre les instructions, à savoir le nombre de pièges à mettre en place, le lieu et les dates d'installation.

LES MICRO-ORGANISMES

Les micro-organismes sont aussi employés au jardin. Une bactérie bien connue depuis les années 1970 en France sert à lutter contre les chenilles (larves de papillons), c'est **le bacille de Thuringe** (*Bacillus thuringiensis*) et ses différentes souches. On le répand aussi pour tuer les larves de moustiques. À ce sujet, supprimez toutes les soucoupes se trouvant sous les pots, ou faites en sorte qu'il n'y ait pas d'eau stagnante à l'intérieur. Ce sont dans ces endroits que vont pondre les tristement célèbres moustiques-tigres, petits mais vecteurs de certaines maladies graves pour l'être humain.

D'autres micro-organismes, **des champignons,** peuvent limiter les attaques de champignons pathogènes au niveau des racines des plantes. Il existe des symbioses entre les champignons et les racines des plantes. Un champignon est constitué d'un réseau de filaments qui s'enroulent, dans le cas qui nous intéresse, autour des racines des plantes pour y puiser des substances carbonées. En échange, les champignons fouillent un volume de terre bien plus important que les racines et apportent aux plantes avec lesquelles ils sont associés de l'eau et des éléments nutritifs.

Le champignon apporte à l'arbre :

- des matières premières (eau, azote, phosphates) et des nutriments indispensables ;
- un manchon autour de ses racines pour empêcher les champignons pathogènes de s'y installer.

L'arbre apporte au champignon :

- des sucres fabriqués pour lui, parce que le champignon ne peut en produire lui-même ;

- une protection contre le soleil et la sécheresse avec son ombrage, et une couverture avec ses feuilles à l'automne. En se transformant en humus, celles-ci contribueront à améliorer la structure du sol afin que le champignon puisse se développer à son aise !

C'est ainsi que champignons et arbres s'entendent depuis qu'ils existent. Encore faut-il que l'homme ne vienne pas casser cette complicité…

Les champignons que l'on mange (girolles, cèpes ou encore bolets) ne sont que les parties visibles des champignons, là où naîtront les spores responsables de leur propagation, si on ne les cueille pas avant. D'autres champignons font leurs spores sous terre. Et comme ils sont invisibles, on ne doute pas de l'importance de cette collaboration.

Le jardinier peut apporter **des mycorhizes** lors de la plantation, afin de favoriser la pousse, la résistance à la sécheresse, aux maladies…

Il y a des préparations standards qui conviennent à la plupart des plantes et d'autres bien spécifiques, notamment pour les orchidées, les conifères, les bruyères et rhododendrons, les noisetiers et châtaigniers, etc.

Les mycorhizes se présentent sous forme de poudre que l'on met en contact direct avec les racines lors de la plantation, que les plantes soient en motte, en conteneur ou en racines nues. Pour les plantes installées, vous trouvez les mycorhizes en poudre à diluer avec l'eau d'arrosage. Mais si votre sol a reçu compost et fertilisation organique, et que vos pratiques culturales vous interdisent d'utiliser fongicides et désherbants chimiques, il y a de fortes chances pour que la mycorhization soit déjà faite de façon naturelle.

Les nématodes à notre secours ! Ces petits vers ronds microscopiques sont projetés sur les parasites et les envahissent. Ils pénètrent dans le corps des parasites et les empoisonnent grâce aux bactéries qu'ils transportent. Le parasite meurt de septicémie.

Les nématodes sont spécifiques à un parasite. On en trouve pour lutter contre les limaces, les larves de taupin (le ver fil de fer, reconnaissable à sa couleur orange), les larves du hanneton (le ver blanc), les larves de noctuelles (le ver gris), les larves de tipules (les cousins, qui ressemblent à de gros moustiques), les courtilières, les doryphores, le tigre du platane, les fourmis, les larves du papillon des palmiers, ainsi que le charançon rouge du palmier et les larves d'otiorhynque qui font des jolies dentelles avec les feuilles de troènes, de lilas, de forsythia, de viorne et laurier-tin. Évidemment, l'utilisation de nématodes demande un total respect de leur mode d'emploi afin d'obtenir l'efficacité optimale. Ils sont utilisés en cas de pullulation.

Autre micro-organisme utilisé contre le carpocapse de la pomme, dont la larve mange le fruit avant vous : **le virus de la granulose**. Là encore, il faut bien observer et être réactif. L'application se fait au pulvérisateur lorsque les larves du papillon sortent de l'œuf, avant qu'elles n'entrent dans la pomme.

Les acariens prédateurs sont de minuscules araignées qui se nourrissent d'autres acariens phytophages. Mais pour les reconnaître, il faut être vraiment un spécialiste. Il est donc quasiment impossible de savoir si des acariens prédateurs sont bien sur les plants attaqués par les acariens phytophages. Il semblerait que les acariens prédateurs ne soient pas très efficaces sur les tomates, car les feuilles sont poilues et collantes, entravant les déplacements de notre auxiliaire. Il faudrait donc déposer les acariens prédateurs sur chaque feuille atteinte !

En revanche, sur les plantes aux feuilles glabres, ces auxiliaires peuvent être présents. Un traitement, même bio, supprimerait phytophages et auxiliaires. Je préfère suspendre des plaques où sont posés des œufs de chrysope. La chrysope est un joli insecte vert aux ailes transparentes et dont les larves sont de grandes voraces de pucerons, thrips, acariens, cochenilles farineuses… Mais pour le garder, il faut un jardin fleuri l'été : l'adulte se nourrit de pollen et de nectar, uniquement.

Cochenille farineuse

LES SUBSTANCES NATURELLES

Infusion, tisane, décoction, macération : vous en reprendrez bien une tasse ?

Il ne suffit pas de mettre des parties de plante dans l'eau et de pulvériser le jus obtenu pour lutter contre une invasion parasitaire présente ou à venir. Ce serait comme ouvrir la boîte à pharmacie et prendre le premier comprimé qui se présente, l'avaler et se demander pourquoi le mal de tête ne passe pas. L'automédication pour les plantes n'est pas un délire de jardinier branché, mais fait appel à une réflexion et à une certaine maîtrise des préparations naturelles.

Bon à savoir

Un peu de vocabulaire :

- **L'infusion :** les principes actifs de la plante (plante entière, fleurs, feuilles, tiges ou racines) sont extraits par un bain d'eau chaude, voire bouillante, qu'on laisse refroidir. Le thé du matin est une infusion !
- **La décoction :** c'est la même chose, sinon que l'eau est maintenue chaude, voire bouillante, pendant plusieurs minutes, avant qu'on la laisse refroidir.
- **La macération :** c'est une infusion dans l'eau froide durant plusieurs heures, parfois plusieurs jours. Le fameux purin d'ortie est une macération de plusieurs jours.
- **La tisane :** elle est obtenue par infusion, décoction ou macération. C'est donc une plante ou partie de plante qui a séjourné dans l'eau, sans autre précision.

Pour apporter de l'aide aux plantes, on utilise de la tisane. Mais il est bon de la fabriquer comme il se doit afin que les principes actifs agissent, pour ensuite la stocker, la filtrer, l'utiliser pure ou diluée, en arrosage ou en pulvérisation, au moment propice…

Il existe quelques préparations à base de plantes sur le marché, mais les jardiniers amateurs, comme beaucoup de professionnels en agriculture bio, biodynamique ou autre, fabriquent eux-mêmes leurs tisanes. Pourquoi ? Parce qu'aujourd'hui la plupart de ces préparations n'ont pas d'homologation ou d'autorisation de mise sur le marché. Les « études » n'ont pas prouvé leur innocuité. Encore faudrait-il qu'il y ait des études… J'ai tendance à faire confiance aux cultivateurs qui ont utilisé ces préparations à base de plantes depuis des siècles et qui ont démontré par leurs actions l'efficacité de leur utilisation.

Néanmoins, comme précisé ci-dessus, la préparation, le stockage et l'utilisation de la solution pure ou diluée répondent à un processus qu'il est indispensable de respecter.

Mon conseil bio

Si vous voulez vous lancer dans la préparation de tisanes, il vous faut un seau, de l'eau de pluie, un coin abrité du vent et du soleil et, de manière facultative mais efficace, une pince à linge. La pince est à linge est utilisée pour se pincer le nez ! Tous ceux qui ont fabriqué un purin d'ortie comprendront. L'odeur de certaines préparations est pour le moins nauséabonde.

D'une manière générale, les préparations à base de plantes sont soit des éliciteurs (principes actifs renforçant les défenses naturelles de la culture), soit des phytostimulants (favorisant la croissance), soit encore des solutions phytosanitaires (ayant une action directe sur les parasites présents ou à venir, à titre préventif ou curatif). Parfois, la seule odeur trouble l'insecte qui s'en va voir ailleurs.

Les plantes utilisées dans les préparations naturelles sont parfois les mêmes que pour notre santé. En d'autres termes, les plantes officinales (venant de l'officine, la pharmacie) aident l'être humain, mais aussi les autres végétaux : les plantes au service des vivants.

LES RECETTES DE PAPI JARDIN : LA MACÉRATION (PURIN) D'ORTIE ET AUTRES PLANTES

Ortie, consoude, prêle, fougère sont les plantes les plus utilisées en préparation naturelle. Ces quatre-là conjuguées ont des effets insectifuges (pour faire fuir les insectes), fongiques (pour lutter contre les maladies dues à des champignons) et fortifiants.

Bon à savoir

Lorsqu'on parle de maladies dues à des champignons, on emploie **les qualificatifs « fongique » ou « cryptogamique »**. Le premier vient du latin *fungus* (le champignon), l'autre signifie « caché » et « mariage », car les organes reproducteurs sont cachés ou peu visibles, ce qui est aussi le cas chez les fougères, les mousses, les lichens, les prêles, les algues… Le fongicide détruit les maladies cryptogamiques.

Une maladie cryptogamique, la rouille grillagée du pommier

Leur macération, ainsi que celles de la rue officinale et de la bardane, s'effectue de la même façon : 1 kilo de plantes fraîches (ou 200 grammes si les plantes sont sèches) dans 10 litres d'eau de pluie. On positionne le seau à l'ombre et on mélange le purin avec un bâton tous les jours. De petites bulles vont se former au bout de quelques jours : la fermentation a commencé. Au bout de deux à trois semaines – parfois moins, s'il fait chaud –, la macération est filtrée avec une passoire ou un linge – c'est mieux, mais bien plus long ! –, puis entreposée dans des bouteilles opaques. J'utilise des bouteilles de lait en plastique avec bouchon qui se visse. Une étiquette précise le type de purin et sa date de fabrication. Un purin ne se garde que quelques mois. Les plantes restantes sont mises au compost.

Chaque macération est faite individuellement. Pas question de mélanger les plantes dans le seau à macération. Si mélange il doit y avoir, c'est juste au moment de l'application.

Voici d'autres tisanes utiles au jardin et leur recette. Si la cuisine vous passionne, faites-vous plaisir !

Fleur de sureau

Recette écologique

LES MACÉRATIONS :

- La macération d'ail : faire tremper dans 10 litres d'eau une tête d'ail pilée pendant 48 heures. Filtrez.
- La macération d'absinthe : faire tremper dans 10 litres d'eau 2 kilos d'absinthe pendant 10 jours. Filtrez.
- Les macérations de sureau, de feuilles et tiges de tomate, de rhubarbe : faire tremper dans 10 litres d'eau 1 kilo de feuilles de sureau (ou de tomates, ou de rhubarbe) pendant 2 à 3 jours. Filtrez.
- La macération de tanaisie ou de feuilles de noyer : faire tremper dans 10 litres d'eau 2 kilos de plantes pendant 2 à 3 semaines. Filtrez.

LES DÉCOCTIONS :

- La décoction de prêle : faire tremper pendant 24 heures 200 grammes de feuilles dans 10 litres d'eau. Faire bouillir 20 minutes. Laissez refroidir, filtrez et mettez en bouteille.
- Les décoctions de sureau, de consoude : même recette avec 1 kilo de feuilles et de fleurs pour 10 litres d'eau.

LES INFUSIONS :

- L'infusion d'absinthe : utilisez 30 grammes de feuilles par litre d'eau.
- L'infusion de rumex : utilisez 200 grammes de feuilles par litre d'eau.

QUELLES PLANTES POUR QUELS REMÈDES ?

L'utilisation des extraits de plantes n'exempte pas de la mise en place des cultures dans les conditions optimales, d'une bonne et adéquate fertilisation, des apports d'eau en fonction de la saison et des besoins des plantes, d'une surveillance phytosanitaire…

Autre précision : les tisanes sont le plus souvent des répulsifs, rarement des tueurs de bestioles. Mais l'important se trouve dans la diminution des aléas culturaux. On recherche une diminution des parasites sur la plante, et non une éradication totale et permanente – ce qui serait une hérésie.

Mon conseil bio

Les préparations naturelles s'emploient pures ou diluées.

Une dilution à 10 %, c'est 1 litre de préparation pure pour 9 litres d'eau de pluie. Dans un arrosoir de 10 litres, le mélange est rapide à préparer à la bonne dilution !

Une dilution à 20 %, c'est 2 litres de préparation pour 8 litres d'eau…

LES PRÉPARATIONS NATURELLES		
Parasites	**Plantes**	**Tisanes et pourcentage de dilution**
Acarien, araignée rouge	Prêle Absinthe	Décoction 20 % Infusion pure
Aleurode	Tanaisie Sureau	Macération pure Macération pure
Altise	Tanaisie Sureau Tomate Absinthe	Macération pure Décoction pure Macération pure Infusion pure
Chenille	Absinthe Sureau	Infusion 10 % Décoction pure
Courtilière, vers du sol (larves)	Sureau	Décoction pure
Doryphore	Tanaisie	Macération pure
Escargot, limace	Prêle Rhubarbe Fougère	Décoction 20 % Macération pure Macération pure
Fourmis	Tanaisie Absinthe Feuilles de noyer	Macération pure Macération pure Macération pure
Mouche des légumes (carotte, tomate, aubergine, poivron)	Rue	Macération 10 %
Puceron	Rhubarbe Consoude	Macération pure Décoction pure
Puceron lanigère	Fougère	Macération pure
Ver du poireau	Sureau Tomate	Macération pure Macération pure

Maladies	Plantes	Tisanes
Cloque du pêcher	Ail	Macération pure
Mildiou	Bardane Tanaisie	Macération 20 % Macération pure
Moniliose	Prêle	Décoction 20 %
Oïdium	Rumex Tanaisie	Infusion pure Macération pure
Rouille	Prêle Tanaisie	Décoction 20 % Macération pure
Taches noires du rosier	Prêle Tanaisie Ail	Décoction 20 % Macération pure Macération pure

LES PRÉPARATIONS À BASE DE MINÉRAUX

À ces préparations à base de plantes, pour lutter contre les différentes attaques parasitaires, s'ajoutent d'autres préparations acceptées en agriculture biologique – pour le moment.

La première à laquelle on pense est sans nul doute **la fameuse bouillie bordelaise.**

Anecdote

C'est en 1882 qu'Alexis Millardet découvre que certains pieds de vigne du Bordelais, sur lesquels on avait pulvérisé du sulfate de cuivre afin de décourager les voleurs et autres grappilleurs de raisin, ne semblent pas souffrir du redoutable champignon, le mildiou. Ce champignon sévit, entre autres, sur les pommes de terre et les tomates. De même, les vignes, enroulées sur les piquets de bois traités au sulfate de cuivre afin d'empêcher la pourriture du bois, sont protégées du champignon.
Deux ans plus tard, des essais sont réalisés en mélangeant le sulfate de cuivre à de la chaux. La bouillie bordelaise était née. Elle sauva de nombreuses récoltes et fait encore partie des solutions à un grand nombre de champignons pathogènes sur vigne, arbres fruitiers, plants potagers ou floraux…

La bouillie bordelaise est un fongicide à large spectre. Mildiou, tavelure, rouille, anthracnose, bactériose sont maîtrisés, voire détruits, avec des pulvérisations de bouillie bordelaise. Mais les effets secondaires font polémique. La matière active est le cuivre. Or, c'est un métal non lessivable, c'est-à-dire qu'il se fixe dans le sol et y reste ! À force de traiter, les concentrations de cuivre sont telles que les « bons » organismes du sol, champignons et bactéries, sont détruits. En voulant soigner les parties aériennes, on détruit ce qu'il y a sous nos pieds. Tout est une question de dosage.

Dans tous les cas, respectez les doses et les fréquences de traitement stipulées sur l'emballage d'origine du produit.

Mon conseil bio

La bouillie bordelaise est le fongicide le plus utilisé, car il agit sur un grand nombre de champignons pathogènes. Elle est aussi bactéricide, et donc employée contre les bactérioses des arbres fruitiers. L'ennui est que le cuivre est un métal qui ne se lessive pas. Et d'année en année, la concentration en cuivre du sol augmente au détriment des champignons et bactéries. Vous avez compris que, chez les bactéries et les champignons, il y a les « bons » et les « nuisibles » pour les plantes et que le cuivre ne fait pas la différence. Il n'est pas spécifique et détruit tout. Ainsi, quand on cultive les truffes, il est interdit d'utiliser un fongicide à base de cuivre, et même certains désherbants, qui peuvent détruire le champignon dans le sol. Produits bio ou naturels, il est nécessaire d'avoir connaissance de leur mode d'action afin de les utiliser à bon escient.

Autre produit minéral utilisé dans les jardins et accepté en agriculture biologique : **le soufre.** Il est utilisé en prévention sur les cultures redoutant l'oïdium. Ce champignon, appelé le « blanc » à cause de son aspect de poudre blanche sur les feuilles, se répand facilement sur de nombreuses plantes, comme les rosiers, les chênes, les érables, les fusains, les aubépines, les pommiers, les poiriers, les cognassiers, les vignes, les spirées, les hortensias, les platanes, les trèfles, les bégonias, les chèvrefeuilles, les œillets, les haricots, les lilas, etc.
En fait, on pourrait croire que chaque plante a son oïdium. C'est presque ça. « Oïdium » est un terme générique pour nommer ces champignons qui se ressemblent tant qu'ils ne font plus qu'un. Ça tombe bien, ils se traitent de la même façon, en préventif, par des pulvérisations de soufre. Comme précisé plus haut, le rumex et la tanaisie ont aussi un pouvoir anti-oïdium. Comme pour la bouillie bordelaise, les doses et les fréquences de pulvérisation de soufre sont à respecter. Tout est stipulé sur l'emballage.

Oïdium sur acanthe

Mon conseil

bio

Un traitement se fait tôt le matin ou tard le soir. Il n'est pas bon pour les plantes de recevoir de l'eau froide sur les feuilles chauffées par le soleil.

Le savon noir est un insecticide facile à utiliser : 200 grammes dans 10 litres d'eau, on remue bien, et c'est prêt ! Attention tout de même, le savon noir est un insecticide non spécifique. Il détruit tous les insectes qui reçoivent la pulvérisation. Si des auxiliaires sont à l'œuvre, ils seront aussi détruits.

Autre petit mélange maison pour lutter contre les cochenilles, **le savon noir additionné d'huile végétale** (olive, colza) et d'alcool à 90 degrés. Une (petite) cuillère à café de chaque dans 1 litre d'eau. Ne forcez pas la dose, l'effet serait néfaste pour les plantes.

Vous voilà paré ! Les plantes que vous avez choisies et plantées dans votre jardin avec amour et un peu de technicité sont prêtes à donner le meilleur d'elles-mêmes. Ce n'est pas un petit parasite de rien du tout qui va entacher votre plaisir de jardiner avec la nature. D'autant plus que vous avez maintenant le loisir de fabriquer et d'utiliser des tisanes maison pour faire descendre les populations d'indésirables sous le seuil de tolérance.

Conclusion

Le jardin a évolué depuis qu'il existe. Sans remonter trop loin, avant les années 1970, avant la pousse des supermarchés, le jardin n'était que « de rapport ». On parlait de jardin « nourricier ». Et il n'était pas rare de posséder – ou de louer – plusieurs centaines de mètres carrés destinés aux légumes. J'ai grandi dans un jardin de 2 500 mètres carrés dont la moitié était plantée de légumes et de fleurs. L'autre partie était un verger et terrain de jeux.

Puis, les surfaces autour des maisons se sont réduites. Ce fut inversement proportionnel au prix du terrain à bâtir. Le potager a disparu, et le jardin renaît de ses cendres. Et c'est tant mieux ! On cherche de plus en plus à améliorer sa qualité de vie, à renouer avec la nature, à se reconnecter avec la Terre, à manger des fruits et légumes sains, ou tout simplement à passer du bon temps tranquillement dehors. Le jardin évolue ; il est à l'image des habitants du lieu avec ses petits coins : là les herbes pour la cuisine, là le coin repas, ici le terrain de foot bordé par une haie de groseilliers qui sert de but… Et derrière, tout derrière la cabane à outils, se trouve la corde à linge que la majorité d'entre nous a décidé de cacher à toute vue.

Dans ce nouvel environnement, le jardinier écoresponsable trie les déchets pour faire du compost, plante et sème en ayant une pensée pour le devenir des végétaux, respecte l'insecte et l'araignée vagabonde, s'émerveille d'une floraison, d'un parfum et, dans son for intérieur, se dit qu'il participe à la sauvegarde de la biodiversité, donc de la nature, donc de la Terre, donc de la vie.

Zygène sur scabieuse

Calendrier des saisons pour favoriser la biodiversité[4]

Printemps

- Tailler les végétaux à baies
- Tailler les haies monovariétales de végétaux persistants
- Tailler les rosiers remontants
- Tailler les petits fruits, ainsi que les pêchers, les abricotiers
- Couper les fleurs fanées des plantes bulbeuses, mais les laisser en place
- Planter les bulbes à floraison estivale
- Continuer les plantations d'annuelles, vivaces et plantes ligneuses jusqu'à fin mai
- Nettoyer le jardin lorsque les gelées ne sont plus à craindre
- Commencer les semis en suivant les indications spécifiques à chaque variété
- Semer des engrais verts
- Pailler le sol avant les grandes chaleurs et la levée des herbes indésirables
- Installer des pièges à phéromones et des plaques engluées

4. Référez-vous aux définitions des différentes saisons expliquées aux pages 133.

Été

- Continuer les semis en suivant les indications spécifiques à chaque variété
- Tailler les arbustes dès la fin de leur floraison
- Tailler les fleurs fanées des rosiers et arbustes, sauf ceux ayant des baies décoratives ou nutritives pour les oiseaux
- Tailler les haies monovariétales de végétaux persistants
- Semer des engrais verts
- Surveiller les arrosages, en quantité et fréquence
- Éclaircir les fruitiers ayant des fruits en surnombre
- En fin d'été, bouturer les arbustes à fleurs et végétaux au feuillage persistant

Automne

- Mettre en place les nichoirs pour le printemps prochain
- Gérer les feuilles mortes : s'en servir pour recouvrir les massifs et plantes fragiles, les mettre au compost ou les entreposer dans un silo pour ensuite les mélanger aux tontes de gazon et autres déchets verts
- Poser un voile d'hivernage sur les plantes sensibles au froid
- Planter les bulbes à floraison printanière et les plantes bisannuelles
- Planter les végétaux à racines nues (ou présentées en conteneur) hors périodes de gel (petits fruits, fraisiers, rosiers…)
- Diviser les plantes vivaces qui sont défleuries
- Détacher les drageons (rejets) des plantes à multiplier (framboisier, lilas, noisetier, cognassier…)
- Semer les pelouses
- Semer des engrais verts
- Continuer les semis en suivant les indications spécifiques à chaque variété
- Désherber manuellement
- Couper les fleurs fanées
- Déterrer les bulbes à floraison estivale (glaïeul, dahlia…) et les entreposer hors gel
- Remuer le tas de compost et l'humidifier si besoin
- Étaler du compost mûr en surface dans les massifs et au pied des arbres

Hiver

- Se faire son calendrier de travaux impératifs en mentionnant les dates d'exécution
- Choisir les végétaux à planter et les futurs lieux de mise en place
- Planter les végétaux à racines nues (ou présentées en conteneur) hors période de gel
- Ne pas toucher les tas de pierre, de bois, de feuilles… ; des animaux y passent l'hiver !
- Mettre un fagot de paille ou de bois dans l'eau du bassin, avant les premières gelées
- Bouturer les végétaux ligneux caducs
- Tailler les arbres fruitiers à pépins
- Faire un traitement d'hiver aux arbres fruitiers caducs
- Faire l'entretien des outils et des accessoires, affutage et désinfection

Et toute l'année :
regarder, observer, étudier, sentir, écouter, s'émerveiller, s'interroger, conclure, attendre, agir et se faire plaisir !

Bibliographie

- Albouy Vincent, *Jardinez avec les insectes*, collection « Jardiner nature », Aspet, Éditions du Terran, 2009, 360 pages.
- Cogneaux Christian et Gambier Bernard, *Les Plantes des haies champêtres,* Rodez, Éditions du Rouergue, 2009, 295 pages.
- Collectif, ***Guide Clause,*** *Traité pratique des travaux du jardinage,* Brétigny-sur-Orge, L. Clause, 19e édition, 1972, 528 pages.
- Ducerf Gérard, *L'Encyclopédie des plantes bio-indicatrices alimentaires et médicinales, Guide de diagnostic des sols,* Briant, Éditions Promonature, 2005, volume I.
- Lowenfels Jeff, et Lewis Wayne, *Collaborer avec les bactéries et autres micro-organismes, Guide du réseau alimentaire du sol à destination des jardiniers,* Rodez, Éditions du Rouergue, 2008, 205 pages.
- Moray Paul, *Écoverger, un verger de nature frugale,* Saint-Martin-de-Londres, Éditions C.I.E.P.A.D. 1990, 126 pages.
- Renaud Jean-Michel, *La Garrigue grandeur nature,* Paris, Les Créations du Pélican, 2000, 336 pages.
- Trioreau Pierre, *La Taille tranquille des végétaux fruitiers et d'ornement,* Lyon, Horticolor, 1998, 154 pages.

Sitographie

- Humeur de jardinier : www.daniellys.fr
- Humanité et biodiversité, Ensemble protégeons le vivant : www.humanite-biodiversite.fr/
- Institut national de la recherche agronomique : www.inra.fr
- Laboratoire agronomique de Normandie : www.lano.asso.fr/web/
- Mouvement Colibris : www.colibris-lemouvement.org/magazine
- Terre vivante : www.terrevivante.org/

Remerciements

À Claire et Sylvain Lys, sans qui rien ne serait possible.

À Florence Durieu et Noémie De Braine pour leur relecture avisée.

À Denis Mestres et sa précieuse aide informatique.

À Magali et Claude Bancal, Martine et Paul White, qui m'ont ouvert si souvent leurs jardins magiques.

Aux jardinières et jardiniers de Saint-Hippolyte-du-Fort (Gard), qui me suivent dans l'aventure du jardinage au naturel.

À Paul Moray, qui m'a ouvert les yeux lors d'une reforestation en garrigue avec les enfants des écoles, il y a quelques décennies.

Aux apicultrices et apiculteurs, de ne pas baisser les bras et de lutter pour la survie des abeilles.

À tous les jardinier(ère)s, chercheur(cheuse)s, professionnel(le)s et amateur(trice)s, qui partagent leurs connaissances et observations avec gentillesse et passion, qui œuvrent pour la biodiversité, le respect de la planète, la prolifération des plantes oubliées, la sauvegarde de la faune et de la flore, la beauté du paysage…

À mes étudiants, qui ont souvent posé les bonnes questions.

Aux Éditions Jouvence, pour m'avoir fait confiance.

Dépôt légal : février 2019.
Achevé d'imprimer en Serbie en janvier 2019.